INITIALEN

Charmaine Gamisch
1992 in Wiesbaden geboren und im Rheingau aufgewachsen, studierte Buchwissenschaft und Wirtschaftswissenschaften an der Johannes Gutenberg-Universität Mainz.
Durch ihre Arbeit *Albatross Books – Ein Pionier des modernen Taschenbuchs,* erlangte sie 2015 den Bachelor of Arts, auf den 2016 der Master in Mainz folgen soll.

INITIALEN 26

Charmaine Gamisch

Albatross Books

Ein Pionier des modernen Taschenbuchs

Gesetzt aus Minion Pro und Myriad Pro
in der Lehrdruckerei des Instituts für Buchwissenschaft
von Anke Jülicher und Daniel Zimmer

Lektorat Fabrice Rüping

Marketing Sheila Mbala-Makumaya

Print ISBN 978-3-945883-36-5
EPUB ISBN 978-3-945883-37-2
PDF ISBN 978-3-945883-38-9

INHALT

ABBILDUNGSVERZEICHNIS

1 EINLEITUNG

1.1 Moderne Taschenbücher

Die Frage, wann und von wem das Taschenbuch erfunden wurde, ist schwierig zu beantworten. Denn dies hängt auch von der Frage ab, welche Kriterien ein Taschenbuch ausmachen. Hier gibt es verschiedene Auffassungen und Varianten in der Definition des Begriffs »Taschenbuch«, denn es zeigt sich, dass die Merkmale, die ein Taschenbuch auszeichnen, komplex sind. Es gibt womöglich nicht den einen Erfinder, sondern verschiedene Ansätze zu unterschiedlichen Zeiten und in verschiedenen Ländern, die letztlich zum modernen Taschenbuch führten.

Im *Lexikon des gesamten Buchwesens* wird der Begriff Taschenbuch wie folgt erläutert:

> *Taschenbuch ist eine vieldeutige Bezeichnung, heute jedoch wird als T. ein kleinformatiges, meist preiswertes Buch mit flexiblem Einband bezeichnet.*[1]

Nach dieser eher mageren Definition folgt allerdings auf drei Seiten die Schilderung der Entwicklung des Taschenbuchs, was wiederum zeigt, dass eine kurze Definition schwierig ist.

Ausführlicher beschrieben ist das Taschenbuch im Wörterbuch des Buches. Neben der geschichtlichen Erklärung des Begriffs werden hier mehr charakteristische Merkmale erläutert, die ein Taschenbuch besitzt, wie hohe Auflagen, Reihen-Bücher und Lizenz-Ausgaben:

> *Taschenbuch. Ein Buch in Taschenformat, das – hist. gesehen – ein bestimmtes Wissensgebiet in kurzer und gedrängter Form behandelt*

1 Corsten, Severin [Hrsg.]: Lexikon des gesamten Buchwesens, Band 7. Schuhe bauen – Uzès. Stuttgart: Hiersemann 2007, S. 352.

> *(s. a. Vademecum). Als literarische Gattung war das T. in der 1. Hälfte des 19. Jh. weit verbreitet. Es kann als Nachfolger der Musenalmanachen bezeichnet werden und enthielt Beiträge für gehobene Unterhaltung und praktisches Wissen. Die Bez. T. tritt häufig bereits im Buchtitel auf, so z. B. »T. zum geselligen Vergnügen«, »T. für Frauenzimmer« usw. Im 20. Jh. (USA seit 1939, BRD seit 1950 durch Rowohlt) hat der Begriff einen neuen Inhalt bekommen.*
> *Als T. gelten Bücher, im Taschenformat, mit werbewirksamen Karton-Einbänden, niedrigerem Preis, der durch hohe Auflagen und reduziertes Autorenhonorar ermöglicht wird. Es sind meist Reihen-Bücher mit einheitlicher Grund-Ausstattung und Lizenz-Ausgaben von bereits anderweitig erschienenen Büchern. Ab den 1960ern stieg mit dem Siegeszug des T. auch der Anteil der Originalausgaben deutlich, s. u. a. dtv. In Dtld. sind 2004 5078 T. (Erstaufl.) erschienen.*[2]

Genauer betrachtet, gibt es schon früher Beispiele für Taschenbücher auf dem deutschen Buchmarkt, wie die Tauchnitz Edition, die bereits 1841 zum ersten Mal erschien, welche durchaus Merkmale des heutigen Taschenbuchs besaß.[3] Ein weiteres Beispiel bilden die Bände von Reclams-Universal-Bibliothek, die erstmals 1867 erschienen sind.[4] Diese erfüllen ebenfalls die oben genannten Kriterien. Auch der Albatross Verlag hat schon vor dem Zweiten Weltkrieg Buchreihen veröffentlicht. Offensichtlich haben sich Taschenbücher über viele Jahrzehnte auf unterschiedlichen Märkten entwickelt und wurden durch die Akzeptanz bei den Kunden zu einem Erfolgsmodell des Verlagsgeschäfts, ohne dass man konkret sagen konnte, wer es erfunden hat. Moderne Taschenbücher zeichnen sich vor allem sowohl durch ihr praktisches Format, als auch durch ihren günstigen Preis aus. Zu dieser Entwicklung des Taschenbuchs haben vermutlich sowohl wirtschaftliche als auch gesellschaftliche Faktoren beigetragen. Während teure, gebundene Bücher in der Vergangenheit neben ihrem Inhalt oftmals auch als Statussymbol präsentiert werden konnten, steht beim Kauf des Taschenbuchs weniger der Besitz, sondern vielmehr der Inhalt und das Lesevergnügen im Vordergrund. Auch der Wille, ein Buch mitzunehmen und zum Beispiel auf einer Reise zu

2 Hiller, Helmut/Füssel, Stephan: Wörterbuch des Buches. 7. grundlegend überarb. Aufl. Frankfurt am Main: Klostermann 2006, S. 320.

3 Vgl. Völker, Daniela: Das Buch für die Massen: Taschenbücher und ihre Verlage (Innsbrucker Studien zu Literatur und Film der Gegenwart 9). Marburg: Tectum-Verlag 2014, S. 66.

4 Vgl. Meyer-Dohm, Peter [Hrsg.]: Handbuch des Buchhandels in vier Bänden, Band 2. Verlagsbuchhandel. Hamburg: Verl. für Buchmarkt-Forschung 1975, S. 56.

lesen, spielt dabei eine Rolle, was ebenfalls mit soziokulturellen Änderungen in der Gesellschaft einherging. Des Weiteren konnten sich vorher nicht alle Gesellschaftsschichten Bücher leisten, da Original- oder Erstausgaben mit festem Einband zu teuer waren. Taschenbücher haben einen neuen Weg aufgezeigt. Es war möglich eine breitere Masse an das Buch heranzuführen. Das Taschenbuch war und ist somit ein Buch für jedermann.

Es wird in der Literatur zur Geschichte des Taschenbuchs eine Vielzahl an Verlagen genannt, die Taschenbücher verlegen und verlegt haben. Im Zusammenhang mit der Erfindung des Taschenbuchs werden oftmals die Penguin Books als die ersten »modernen« Taschenbücher genannt. Als Vorläufer werden die Tauchnitz Editions sowie die Reclam-Universalbibliothek aufgezählt, die auch heute noch bekannt sind. Ein Name, der in den Quellen und der Literatur zwar vorkommt, aber kaum bearbeitet ist, ist der Albatross Verlag. Vor allem durch sein Konzept und die Gestaltung der Bücher, die bei der Entwicklung des modernen Taschenbuchs womöglich beispielgebend für andere Verlage war, machen ihn für die Forschung interessant.

In dieser Arbeit soll untersucht werden, ob Albatross Books im Sinne der vorangegangenen Definition als Pionier des modernen Taschenbuchs gelten kann.

Die Entwicklung der Taschenbücher, und die Bedeutung eines Taschenbuchverlags im Wandel der Zeit soll hier am Beispiel der Albatross Bücher untersucht werden. Ziel dieser Arbeit ist es, den Albatross Verlag und Aspekte seiner Entwicklung zu beleuchten und damit einen Beitrag zur Geschichte der Entwicklung des modernen Taschenbuchs und zur Verlagsgeschichte zu leisten. Dabei werden das Konzept des Verlags sowie das Verlagsprogramm und die Albatross Buchreihen in ihrer Gestaltung beschrieben und analysiert. Das Ganze wird zudem vor dem historisch kulturellen Hintergrund betrachtet. Im Anschluss daran wird der Albatross Verlag mit den Verlagen Bernhard Tauchnitz und Penguin Books verglichen, um Gemeinsamkeiten und Unterschiede herauszufiltern und daraus abzuleiten, ob der Albatross Verlag zu den Pionieren des modernen Taschenbuchs gehört.

1.2 Forschungsstand und Quellenlage

Der Albatross Verlag wurde von der buchwissenschaftlichen Forschung kaum bearbeitet. In einigen Publikationen, die sich mit dem Thema Taschenbuch beschäftigen, wird der Verlag erwähnt, aber nicht umfassend bearbeitet. Es existiert keine Bibliografie und keine umfassende historische Darstellung des Verlags.

Die Stellung des Taschenbuchs wurde vom wirtschaftlichen Standpunkt aus von Claudia Leonhardt in ihrer Dissertation *Das Taschenbuch – seine Stellung und sein Einfluss im deutschen Buchmarkt*[5] bearbeitet. Des Weiteren dient die Publikation Das Buch für die Massen[6] von Daniela Völker als Gesamtübersicht über die Geschichte des Taschenbuchs. Die gesellschaftliche, sowie die politische Lage zur Zeit des Albatross Verlags wird in einigen Werken erläutert. Volker Dahms *Das jüdische Buch im Dritten Reich*[7] beschäftigt sich mit den Schwierigkeiten und Verboten für jüdische Werke. Die Gegebenheiten speziell für Verlage werden in *Verlage im »Dritten Reich«*[8], herausgegeben von Klaus Saur, verdeutlicht. Es existieren darüber hinaus noch weitere Publikationen, die nicht wissenschaftlich bearbeitet sind, aber dennoch Standpunkte und verschiedene Sichtweisen des Mediums Taschenbuch sowie des Albatross Verlags wiedergeben. Darunter befindet sich der Titel *Macht unsre Bücher billiger!: Die Anfänge des deutschen Taschenbuchs 1946 bis 1963* herausgegeben von Jörg Drews, der sich unter anderem auch mit den Vorläufern des heutigen Taschenbuchs beschäftigt.[9]

Als Quellengrundlage dienen dieser Arbeit die Bücher der Reihe *The Albatross Modern Continental Library*[10] sowie die Bücher der Reihen *The Albatross Crime Club*[11] und *The Albatross Mystery Club*[12] des Albatross Verlags. Diese Reihen umfassen die komplette Verlagsproduktion. Da keine vollständige Bibliografie des Verlags vorliegt, wurde für diese Arbeit durch Recherche mit Hilfe der Kataloge der deutschen Nationalbibliothek und des HeBIS Verbundskatalogs diese erstellt und als Quelle für Daten verwertet und verwendet. Ergänzend wurden Presseartikel über den Verlag und seinem Mit-

5 Leonhardt, Claudia: Das Taschenbuch – seine Stellung und sein Einfluss im deutschen Buchmarkt. Würzburg: Univ., Diss., 1982. Aus: Börsenblatt für den Deutschen Buchhandel. 1985, Nr.77, S. 1947–2048.

6 Völker: Das Buch für die Massen.

7 Dahm, Volker: Das jüdische Buch im Dritten Reich. 2., überarb. Aufl. München: Beck 1993.

8 Saur, Klaus Gerhard [Hrsg.]: Verlage im »Dritten Reich« (Zeitschrift für Bibliothekswesen und Bibliographie: Sonderbände 109). Frankfurt am Main: Klostermann 2013.

9 Vgl. Drews, Jörg [Hrsg.]: »Macht unsre Bücher billiger!«: die Anfänge des deutschen Taschenbuchs 1946 bis 1963 (Veröffentlichungen der Eutiner Landesbibliothek 3). Bremen: Ed. Temmen 1994.

10 The Albatross Modern Continental Library. Leipzig: Albatross 1-x(1932–1950). Siehe dazu die Bibliografie des Verlags im Anhang.

11 The Albatross Crime Club. Leipzig; Paris; Bologna: Albatross 101-x(1933–1939). Siehe dazu die Bibliografie des Verlags im Anhang.

12 The Albatross Mystery Club. Leipzig; Paris; Bologna: Albatross 401-x(1937–1939). Siehe dazu die Bibliografie des Verlags im Anhang.

gründer Christian Wegner ausgewertet, welche dazu beitragen, seine Ideen und sein Konzept herauszufiltern. Dies ist zum Beispiel der Zeitungsartikel *Des Rätsels Lösung: Taschenbücher*[13]. Allerdings ist hier zu berücksichtigen, dass es sich um subjektive Darstellungen handelt und auch hier individuelle Wahrnehmungen zu unterschiedlichen Ergebnissen führen können. Die Geschichte, Konzepte und gestalterischen Grundlagen anderer Verlage, wie dem Bernhard Tauchnitz Verlag und dem Verlag Penguin Books wurden in der Vergangenheit ebenfalls bearbeitet. Hier dienen als Quellengrundlage die Festschriften der jeweiligen Verlage. Zum 125-jährigen Jubiläum des Bernhard Tauchnitz Verlags entstand die Publikation *Festschrift zum 125jährigen Bestehen der Firma Bernhard Tauchnitz Verlag 1837–1962*[14] von Werner Jäckh, die die Geschichte des Tauchnitz Verlags wiedergibt. Informationen über die Geschichte des Bernhard Tauchnitz Verlags bietet auch die Publikation *Tauchnitz-Edition*[15], die von der British Library herausgebracht wurde.

Über den Penguin Books Verlag gibt es eine Vielzahl an Publikationen, die im eigenen Verlag erschienen sind. Die Geschichte des Verlags wird in *The Penguin Story: 1935–1956*, geschrieben von William Emrys Williams, dargestellt.[16] Phil Baines beschäftigt sich in *Penguin by design: a cover story, 1935–2005* mit dem charakteristischen Design der Penguin Books.[17] Insgesamt kann man diese Literatur von und über diese Verlage verwenden, doch ist zu bedenken, dass es sich um Eigendarstellungen handelt, die in der Regel kein neutrales Bild zeichnen. In diesen Quellen über den Bernhard Tauchnitz Verlag und den Verlag Penguin Books wird auch der Albatross Verlag genannt, was die Verbindung der Verlage untereinander verdeutlicht, wodurch Gemeinsamkeiten sowie Unterschiede bei den Konzepten und der Gestaltungen herausgefiltert werden können.

13 Wegner, Christian: Des Rätsels Lösung: Taschenbücher vom 23.10.1952. In: Die Zeit Online. http://www.zeit.de/1952/43/des-raetsels-loesung-taschenbuecher [28.04.2015].

14 Jäckh, Werner: Festschrift zum 125 jährigen Bestehen der Firma Bernhard Tauchnitz Verlag 1837–1962. Stuttgart: Tauchnitz 1962.

15 British Library [Hrsg.]: Tauchnitz-Edition (Patrimonia 47). London: British Library [u.a.] 1992.

16 Vgl. Williams, William Emrys: The Penguin Story: 1935–1956. Harmondsworth: Penguin Books 1956.

17 Vgl. Baines, Phil: Penguin by design: a cover story, 1935–2005. London [u.a.]: Allen Lane Penguin Books 2005.

2 ALBATROSS BOOKS

2.1 Zur Geschichte des Verlags

Die Firma The Albatross Verlag Hamburg GmbH wurde 1931 von John Holroyd-Reece und Christian Wegner gegründet und von Letzterem aus Paris geleitet.[18] Der Verlag wurde am 12. November 1931 in das Handelsregister Leipzig eingetragen und von Amts wegen am 29. Juli 2013 gelöscht.[19] Gerade in englischen Quellen ist in diesem Zusammenhang teilweise von Max Wegner die Rede, wobei es sich um die gleiche Person handelt. Christian Wegner hieß mit vollem Namen Max Christian Wegner.[20] Dies kann durchaus zu Verwirrungen und Irrtümern führen. Auch da es mehrere Eigentümer des Verlags gab, ist die Angabe zu den Gründern des Verlags unterschiedlich. Während Christian Wegner selbst in einem Zeitungsartikel schreibt: »So wagte ich es schon 1931 mit Hilfe englischer Freunde, einen neuen Verlag in Hamburg und Paris zu gründen«[21], ist Christian Wegner in Michael Bhaskars *The Content Machine* als Mitgründer des Verlags nicht erwähnt. Der Autor erwähnt lediglich Kurt Enoch in Kooperation mit dem italienischen Verleger Arnoldo Mondadori und John Holroyd-Reece.[22]

18 Vgl. Trunz, Erich: Christian Wegner. In: Die Zeit Online vom 22.01.1965. http://www.zeit.de/1965/04/christian-wegner/komplettansicht [28.04.2015].

19 Auskuft des Amtsgerichts Leipzig per E-Mail am 12.06.2015.

20 Vgl. Albatross. In: Tauchnitz Editions Website. http://tauchnitzeditions.com/albatross.html [02.05.2015].

21 Wegner, Christian: Des Rätsels Lösung: Taschenbücher.

22 Vgl. Bhaskar, Michael: The Content Machine: Towards a Theory of Publishing from the Printing Press to the digital Network (Anthem scholarship in the digital age; Anthem publishing studies). London: Anthem Press 2013, S. 99.

Die finanzielle Unterstützung erhielt der Verlag durch Sir Edmund Davis, während Kurt Enoch für den Vertrieb verantwortlich war.[23] Auch die Werbung soll in seinen Händen gelegen haben.[24] Laut anderen Aussagen war Enoch darüber hinaus auch Teilhaber des Verlags[25], wie oben bereits erwähnt. Das eine schließt zwar das andere nicht aus, es ist jedoch ein großer Unterschied. Enoch stammt aus einem »liberalen jüdischen Elternhaus«[26], was bedeutet, dass er in Deutschland aufgrund seiner Herkunft durch den Aufstieg des Nationalsozialismus unter Beobachtung stand und Repressalien ausgesetzt war. Das war für den international agierenden Albatross Verlag auch von wirtschaftlicher Bedeutung. Enoch betreute den Vertrieb der Albatross Bücher von Hamburg aus, wo auch sein eigener Verlag beheimatet war.[27]

Wie sehr sich der Einfluss des Nationalsozialismus auf den deutschen Buchhandel in inhaltlicher, personeller und wirtschaftlicher Hinsicht auswirkte, belegt die Tatsache, dass Kurt Enoch gezwungen war seinen eigenen Verlag 1936 zu verkaufen und zunächst nach Paris und 1940 in die USA auszuwandern.[28]

Wegen der Teilhaberschaft von Enoch musste sich der Albatross Verlag auch mit der Reichskulturkammer auseinandersetzen, die im dritten Reich die Arisierung des deutschen Buchhandels vorantrieb, im Sinne von Kontrolle und Gleichschaltung. Nach dem Ausscheiden Enochs wurde Erich Kupfer Geschäftsführer der Firma.[29]

Kupfer war es auch, der im Zuge der Arisierung des Grieben Verlags dem jüdischen Verleger Viktor Goldschmidt ein Angebot zur Übernahme seines Verlags machte.[30] Dies wurde von der Reichskulturkammer argwöhnisch beobachtet:

> *[…] der Albatros [sic!]-Verlag habe zwar in Herrn Kupfer einen deutschen Geschäftsführer, der RSK-Mitglied sei, jedoch seien an der*

23 Vgl. Albatross. In: Tauchnitz Editions Website.
24 Vgl. Bürger, Karin [Hrsg.]: Soncino-Gesellschaft der Freunde des jüdischen Buches: ein Beitrag zur Kulturgeschichte (Europäisch-jüdische Studien: Beiträge 17). Berlin [u.a.]: De Gruyter 2014, S. 87.
25 Vgl. Jaeger, Roland: Kurt Enoch. In: Das jüdische Hamburg Website. http://dasjuedischehamburg.de/inhalt/enoch-kurt [09.06.2015].
26 Ebenda.
27 Vgl. ebenda.
28 Vgl. ebenda.
29 Vgl. Dahm: Das jüdische Buch im Dritten Reich, S. 95.
30 Vgl. ebenda, S. 96.

> *Firma in maßgebender Weise »englische Kreise« beteiligt, hinter denen wiederum Juden stünden.*[31]

Aus den Schilderungen von Volker Dahm zu den Zahlungsmodalitäten bei der Übernahme des Grieben Verlags lassen sich zugleich Rückschlüsse auf die Vorgehensweise beim Ausscheiden von Kurt Enoch aus dem Albatross Verlag ziehen. Dazu gehört die Ablösung von Geschäftsanteilen und der Ansprüche aus seinem Anstellungsvertrag zu einem geringen Teil als Barauszahlung und zu einem größeren Teil als Warenlieferung ins Ausland. Dieser Verfahrensweise hatte im Falle Enochs die Reichsschrifttumskammer zugestimmt.[32]

Albatross, der bei den Nationalsozialisten wegen der englischen Teilhaberschaft als ausländischer Verlag galt, unterhielt auch geschäftliche Beziehungen nach Italien. Denn das Design erhielten die Bücher von Hans Mardersteig, auch Giovanni Mardersteig genannt, der zu dieser Zeit Art Director der italienischen Druckerei Mondadori war, deren Inhaber Arnoldo Mondadori den Vorsitz des Vorstands der Firma The Albatross Verlag Hamburg GmbH inne hatte.[33] In Bezug auf die Gestaltung der Bücher verweisen andere Quellen, wie zum Beispiel Folgende, zu den Anfangsjahren des Verlags auch auf den Einfluss von Kurt Enoch:

> *Wohl zu einem wesentlichen Anteil war es dem für Vertrieb und Werbung zuständigen Enoch zu verdanken, dass neben ihrem wegweisenden Format gerade das charakteristische Aussehen und die sorgfältige Ausstattung der Albatross-Bücher zu Erfolgsfaktoren wurden.*[34]

In den Büchern des Verlags gibt es Hinweise darauf, dass einige Bücher in Italien gedruckt wurden, andere wiederum in Deutschland. Die italienischen Druckerzeugnisse wurden in Verona von Arnoldo Mondadori gedruckt. Die Bücher, die in Deutschland gedruckt wurden, entstanden in der Druckerei Oscar Brandstetter, wie aus dem Impressum verschiedener Albatross Bände hervorgeht.

Der Albatross Verlag war insgesamt eine Firma, in der sehr unterschiedliche Persönlichkeiten von verschiedenen Standorten aus arbeiteten. Dies zeigt, dass der The Albatross Verlag Hamburg GmbH ein international agierendes Verlagshaus war.

31 Ebenda, S. 96.

32 Vgl. ebenda, S. 96.

33 Vgl. Albatross. In: Tauchnitz Editions Website.

34 Bürger: Soncino-Gesellschaft der Freunde des jüdischen Buches, S. 87.

Passend dazu ist auch der Verlagsname The Albatross. Es handelt sich hierbei um die englische Bezeichnung für den Seevogel Albatros. Einen englischen Namen für einen Verlag zu wählen, der englische Literatur verlegt, war naheliegend. Die Wahl dieses Verlagsnamens ist aber darüber hinaus für den internationalen Verlag deshalb sinnvoll, da der Name des Vogels in verschiedenen Sprachen ähnlich ist und aufgrund dessen einen hohen Wiedererkennungswert besitzt.

Des Weiteren handelt es sich bei einem Albatros um einen Vogel mit einer großen Spannweite, die als Symbol für das breite literarische Angebot des Albatross Verlags gedeutet werden kann, auf welches im Späteren eingegangen wird.

Außerdem kann die Wahl des Verlagsnamens auch mit dem Konzept des Verlags in Verbindung gebracht werden, das im Folgenden erläutert wird.

2.2 Das Konzept des Verlags

Bereits in den zwanziger Jahren, hat sich Christian Wegner mit der Problematik beschäftigt, gute Literatur zu günstigen Preisen einer breiten Leserschaft zugänglich zu machen.[35] Der Taschenbuchverlag The Albatross Verlag Hamburg GmbH kann als praktischer und wirtschaftlich tragfähiger Lösungsansatz für Christian Wegners theoretische Überlegungen gewertet werden.

Um die Bücher durch günstige Preise einer breiten Leserschaft zugänglich zu machen, war es notwendig Kosten einzusparen. Taschenbücher waren und sind heute immer noch durch ihren flexiblen Einband und ihre einfache Gestaltung und Ausstattung in der Herstellung günstiger. Des Weiteren ist es durch eine höhere Auflage möglich, nochmals den Preis zu senken. Die Bände der Albatross Books wurden bereits für 1,80 Reichsmark angeboten. Diese Preise variierten je nach Umfang. Es ist auffällig, dass ab einer Seitenzahl von etwa 350 Seiten der Preis um eine Reichsmark erhöht wurde. Demnach wurden diese Werke für 2,80 Reichsmark verkauft, was wahrscheinlich den höheren Herstellungskosten durch den Papierpreis geschuldet war. Über den aber insgesamt moderaten Preis war es möglich, die Zielgruppe für diese Art der Literatur zu vergrößern, da mehr Personen, die lesen wollten, sich diese Bücher auch leisten konnten. Wegners Geschäftsmodell, die Erweiterung der Leserschaft, war dadurch möglich. Um die Buchpreise in Relation zu setzen, muss man sich vor Augen führen, dass das durchschnittliche Jahreseinkom-

35 Vgl. Wegner: Des Rätsels Lösung: Taschenbücher.

men 1932 bei 1.651 Reichsmark lag[36] und zum Beispiel der durchschnittliche Stundenlohn eines Facharbeiters im Buchbindergewerbe 0,89 Reichsmark[37] betrug. Das Einkommen von Beamten variierte etwa zwischen 200 und 900 Reichsmark in der höchsten Besoldungsgruppe pro Monat.[38] Aus dem Nürnberger Jahrbuch 1932 geht des Weiteren hervor, dass eine alleinstehende Person jährliche Lebenshaltungskosten von mindestens 1.358 Reichsmark hat und ein Ehepaar mit einem Kind mit mindestens 1.694 Reichsmark Lebenshaltungskosten rechnen muss.[39] Geht man davon aus, dass es in anderen Städten ähnliche Löhne und Kosten gegeben hat, ergibt sich daraus, dass in Deutschland lebende Personen wenig bis gar kein Geld für nicht lebensnotwendige Güter ausgeben konnten.

Aufgrund der Wirtschaftslage in den Gründungsjahren des Albatross Verlags und der vorangegangenen Weltwirtschaftskrise, die 1929 begann, wurde demnach alles, was nicht zum täglichen Bedarf notwendig war, zum Luxusgut – auch Bücher.

Die Wirtschaftskrise hatte nicht nur Auswirkungen auf das Leben deutscher Bürger, sondern auch auf andere Länder Kontinentaleuropas und somit auf den ganzen Markt, den der Albatross Verlag bediente.

Um in dieser Situation noch Chancen auf dem Markt zu haben, müssen Verlage ihre Bücher möglichst günstig produzieren und anbieten. Dieser Zwang war zweifellos eine Triebfeder zur Entwicklung des Taschenbuchs und gehört damit auch zum Konzept des Verlags.

Die Idee des Verlags, Taschenbücher in englischer Sprache zu verlegen, war um 1930 wohl sehr fortschrittlich und erfolgreich, wie der Bernhard Tauchnitz Verlag zuvor bewiesen hatte. Von dem fast beispiellosen Erfolg der günstigen Taschenbuchreihen waren auch die Buchhändler überrascht, denn es hatte die Meinung geherrscht, dass sich nur das wertvoll gebundene Buch in Deutschland verkaufen lässt.[40] Wegner war hingegen davon überzeugt, dass das Taschenbuch etwas Besonderes sei. Er war der Meinung, dass

36 Vgl. Sozialgesetzbuch (SGB) Sechstes Buch (VI) - Gesetzliche Rentenversicherung - (Artikel 1 des Gesetzes v. 18. Dezember 1989, BGBl. I S. 2261, 1990 I S. 1337) Anlage 1 Durchschnittsentgelt in Euro/DM/RM In: Gesetze im Internet. http://www.gesetze-im-internet.de/sgb_6/anlage_1.html [07.06.2015].

37 Statistisches Amt [Hrsg.]: Statistisches Jahrbuch der Stadt Nürnberg 1932. In: Stadtforschung und Statistik für Nürnberg und Fürth. http://www.nuernberg.de/imperia/md/statistik/dokumente/veroeffentlichungen/tabellenwerke/jahrbuch/1909_1940/jahrbuch_1932.pdf S.49. [07.06.2015].

38 Vgl. ebenda.

39 Vgl. ebenda.

40 Vgl. Wegner: Des Rätsels Lösung: Taschenbücher.

über die Taschenbücher der Weg zur Freude an der Literatur führe und diese auch Lust auf kostspieligere Ausgaben im schönen Einband machten.[41]

Auffällig waren die Taschenbücher des Verlags auch durch ihre farbigen Umschläge. Mit diesen Umschlägen hatte der Verlag nicht nur ein auffälliges Alleinstellungsmerkmal, sondern zugleich auch ein Farbkonzept.

Auch spielte das Verlagsprogramm eine bedeutende Rolle. Für den wirtschaftlichen Erfolg war es wichtig, Werke namhafter, englischsprachiger Autoren zu verlegen, die das breite Publikum im Original lesen mochte. Durch den ersten Erfolg der Albatross Bücher war es möglich, weitere Nachdrucklizenzen berühmter Autoren zu erhalten, was für diese durchaus attraktiv war, da die Honorareinnahmen aus den günstigen Nachdruckausgaben die der teureren Originalausgaben häufig enorm überstiegen.[42] Durch das vielfältige Angebot des Verlags war sichergestellt, dass für jeden Leser das gewünschte Genre vorhanden war. Darauf wird im folgenden Kapitel eingegangen.

2.3 Das Verlagsprogramm

Die im Folgenden verwendeten Zahlen sind der sich im Anhang befindlichen Bibiografie entnommen.

Das Verlagsprogramm des Albatross Verlags war vielfältig. Man fokussierte sich nicht nur auf Romane, sondern verlegte Reiseliteratur, Liebesromane, Abenteuergeschichten, Kriminalgeschichten, Essays, Biographien, historische Romane, Kurzgeschichten sowie Dramen und Gedichte. Das Besondere daran war nicht nur die Vielfältigkeit des Verlagsprogramms, sondern auch die Aktualität der Werke[43], die verlegt wurden. Es erschienen Schriften bekannter Autoren der damaligen Zeit. Als Beispiel können James Joyce, Agatha Christie und Virginia Woolf genannt werden.

Bemerkenswert ist die Tatsache, dass der Verlag in den Aufbaujahren mit dem erstarkenden Nationalismus in Deutschland und dessen extremen Ausprägungen im Dritten Reich konfrontiert wurde. Das Verlagsprogramm stellte dazu mit der englischsprachigen Literatur einen Gegenpol zur zunehmenden kulturellen Gleichschaltung dar. Dass ein solches Konzept erfolgreich sein konnte, hatte zuvor der Tauchnitz Verlag bewiesen.

Faktisch bot Albatross im Grunde international bedeutsame Literatur an, während in Deutschland immer mehr Werke von bedeutenden Literaten

41 Vgl. ebenda.

42 Vgl. ebenda.

43 Vgl. Bhaskar: The Content Machine, S. 99.

verboten wurden. Dies trug möglicherweise auch zum Erfolg bei. Darauf finden sich Hinweise in dem Buch *Verlage im »Dritten Reich«*:

> *Sie [die Sammlung] vermittelte noch bis zum Beginn des Zweiten Weltkriegs einen repräsentativen Querschnitt durch die amerikanische Literatur des 19. und 20. Jahrhunderts und machte zum Teil selbst solche Autoren weiterhin zugänglich, deren ins Deutsche übersetzte Bücher seit 1933 verboten worden waren.*[44]

Die Werke der namhaften Autoren erschienen in verschiedenen Reihen des Albatross Verlags. Es wurden drei Taschenbuchreihen verlegt: Die *The Albatross Modern Continental Library* ist die erste und größte unter ihnen. Diese Reihe umfasst verschiedene Kategorien. Sie beinhaltet Liebesromane, Dramen, Gedichte, Reiseliteratur, Abenteuergeschichten, Essays, historische Romane, Biographien und Kurzgeschichten. Sie deckt somit ein breites Themenspektrum ab. Des Weiteren erschienen in der Reihe *The Albatross Crime Club*, auch bezeichnet als *The Albatross Continental Crime Club Library*, Kriminalgeschichten, wie zum Beispiel Agatha Christies *Murder on the Orient Express*. Viele Titel aus dieser Reihe waren zuvor ab Mai 1930 im Vereinigten Königreich im *Collins Crime Club* erschienen.[45] Dass es Albatross gelang, diese Titel auch für Leser außerhalb des Vereinigten Königreichs zugänglich zu machen, steht vermutlich im Zusammenhang mit der Tatsache, dass William und Ian Colllins zum Vorstand des Albatross Verlags gehörten.[46] Unter dem Namen *The Albatross Mystery Club* wurden weitere Titel veröffentlicht, für die *Wax* von Ethel Lina White, in dem es um ein Wachsmuseum geht, in welchem Personen unter mysteriösen Umständen gestorben sind, ein Beispiel ist. Demnach erschienen unter der Reihe *The Albatross Mystery Club* geheimnisvolle Kriminalgeschichten.

In der deutschen Nationalbibliothek sowie im HeBIS Verbund sind viele Titel, die im Albatross Verlag veröffentlicht wurden, verzeichnet, sodass dadurch die im Anhang befindliche Liste der erschienenen Titel im Albatross Verlag erstellt werden konnte. Darüber hinaus wurde in dem Katalog des zentralen Verzeichnisses antiquarischer Bücher, dem Online-Katalog AbeBooks, der auch antiquarische Bücher beinhaltet, nach weiteren fehlenden Titeln gesucht. Es konnten aber auch dort keine zusätzlichen Werke oder Ausgaben ausfindig gemacht werden.

44 Saur, Klaus Gerhard [Hrsg.]: Verlage im »Dritten Reich« (Zeitschrift für Bibliothekswesen und Bibliographie: Sonderbände 109). Frankfurt, am Main.: Klostermann 2013, S. 149.

45 Vgl. Albatross. In: Tauchnitz Editions Website.

46 Vgl. ebenda.

Die erstellte Bibliografie beinhaltet 474 verschiedene Titel. Es wurden zusätzlich sieben Titel gefunden, die aus verschiedenen Auflagen stammen, worauf die unterschiedlichen Angaben der Erscheinungsjahre hindeuten. Zum Beispiel erschien der Titel *Victoria Regina: A dramatic biography* geschrieben von Laurence Housman sowohl 1935, als auch 1938. Wie viele Auflagen es von diesem Titel gab, ist nicht bekannt. In den Büchern selbst wird über die Zahl der Auflage nicht informiert. Die 474 Titel teilen sich in die beschriebenen Reihen auf. In der Bibliografie finden sich 344 Titel aus der Reihe *The Albatross Modern Continental Library*, 108 Titel gehören zu der Reihe *The Albatross Crime Club* und 22 Titel zählen zu der Reihe *The Albatross Mystery Club*. Die jeweiligen Nummern der erschienenen Titel aus den unterschiedlichen Reihen sind Reihen übergreifend. Dies bedeutet, dass immer nur eine Nummer existieren kann. Zum Beispiel gibt es in der Reihe *The Albatross Modern Continental Library* keine Nummer 101, da diese in der Reihe The Albatross Crime Club existiert. Es wurde wohl mit der Reihe *The Albatross Modern Continental Library Volume 1* begonnen, die, bis *Volume 100*, mit wenigen Ausnahmen in der sich im Anhang befindenden Bibliografie, aufgelistet ist. Geht man davon aus, dass die Zählung chronologisch vollzogen wurde, worauf auch die Erscheinungsjahre hindeuten, war der Titel *Dubliners*, geschrieben von James Joyce, das erste veröffentlichte Buch des Albatross Verlags. Dieses ist 1932 erschienen, beinhaltet Kurzgeschichten und umfasst 254 Seiten.[47] Nach diesem Buch erschienen weitere Bücher aus verschiedenen Sachgebieten in der Reihe *The Albatross Modern Continental Library*.

Ab *Volume 101* bis *Volume 187* erschienen Werke der Reihen *The Albatross Crime Club* beziehungsweise *The Albatross Continental Crime Club* und *The Albatross Mystery Club*. Ab der Zahl 201 erschienen Bücher wieder unter dem Reihennamen *The Albatross Modern Continental Library*, wobei ab *Volume 401* wieder Werke unter dem Reihennamen *The Albatross Crime Club* und *The Albatross Mystery Club* zu finden sind. Bis zu *Volume 586* konnten alle Titel, laut Reihennummer, ausfindig gemacht werden, bis auf vereinzelte Ausnahmen und einer größeren Lücke zwischen *Volume 187* und *Volume 201* befindet sich jede Zahl mindestens ein Mal in der erstellten Bibliografie. Nach *Volume 586* konnten nur vereinzelt weitere Titel mit einer vierstelligen Reihennummer ausfindig gemacht werden. Das Buch mit der höchsten Ziffer gehört zur Reihe *The Albatross Modern Continental Library*. Es handelt

47 Vgl. Joyce, James: Dubliners (The Albatross Modern Continental Library 1). Hamburg [usw.]: The Albatross; [Hamburg]: [O. Enoch] 1932.

sich hierbei um *Volume 5364* mit dem Titel *The vanishing celebrities: Or the room in the West tower* geschrieben von Adrian Alington und erschien 1947.[48] Ob dies der letzte neu verlegte Titel war, ist aber nicht gesichert. Die große Lücke der Reihennummern kann daraus resultieren, dass der Albatross Verlag den Tauchnitz Verlag übernahm und die Reihennummer der bereits erschienenen Titel übernommen hat. Dies lassen einige Titel vermuten. Das Buch *Memoirs of a fox-hunting man*, geschrieben von Siegfried Sassoon, erschien 1931 im Tauchnitz Verlag in der Reihe *Tauchnitz Edition* mit der Nummer 4975.[49] Im Albatross Verlag erschien das Werk *Memoirs of a fox-hunting man* 1947 unter der gleichen Reihennummer.[50]

Betrachtet man die Erscheinungsjahre, die in der Bibliografie verzeichnet sind, erkennt man, dass bis zum Jahr 1939 insgesamt 439 Titel erschienen sind. Da davon ausgegangen wird, dass diese Bibliografie nicht alle Titel beinhaltet, dürften aber mehr als 439 Werke bis zum Jahre 1939 aus dem Albatross Verlag erschienen sein. Vergleicht man die Jahre untereinander, erkennt man, dass 1937, mit insgesamt 73 Werken, die meisten Titel verlegt wurden.

Im Durchschnitt wurden pro Jahr 54,9 Albatross Bücher verlegt, also 4 bis 5 pro Monat. Nach dem Zweiten Weltkrieg erschienen zwischen den Jahren 1947 bis 1950 weitere Titel. Ob es sich bei diesen Titeln um die Erstauflagen oder nur neuere Auflagen handelt, kann nicht bei allen Büchern nachvollzogen werden. Die letzte bekannte Veröffentlichung des Albatross Verlags kann in das Jahr 1950 datiert werden. Ob nach 1950 noch Bücher veröffentlicht wurden, ist nicht belegt. Der Verlag konnte nach dem Zweiten Weltkrieg an seine vorherigen Erfolge nicht anknüpfen, wie in einigen Quellen zu lesen ist.[51] Auch in der erstellten Bibliografie des Verlags ist deutlich zu erkennen, dass nach 1939 nur noch vereinzelt Titel ausfindig gemacht werden können.

Auffällig ist auch, dass nach 1939 erschienene Werke nicht in Deutschland, sondern in Italien gedruckt wurden. Dies geht aus einer stichprobenartigen Sichtung einiger Werke hervor. Dies kann durch die Papierknappheit des Jahres 1941[52] verschuldet sein: »Vor allem fehlte es an Papier – und wenn

48 Vgl. Alington, Adrian: The Vanishing Celebrities: Or the Room in the West Tower (The Albatross Modern Continental Library Vol. 5364). London [u.a.]: Albatross 1947.

49 Vgl. Sassoon, Siegfried: Memoirs of a Fox-Hunting Man. (Tauchnitz Edition 4975). Leipzig: Tauchnitz 1931.

50 Vgl. Sassoon, Siegfried: Memoirs of a Fox-Hunting Man. (The Albatross Modern Continental Library Vol. 4975). London [u.a.]: Albatross 1947.

51 Vgl. Albatross. In: Paperbackrevolution. https://paperbackrevolution.wordpress.com/albatross/ [23.05.2015].

52 Vgl. ebenda.

es zur Verfügung stand, war es so holzhaltig, daß es nur sehr häßliche Buchgebilde zuließ.«[53]

Der Albatross Verlag zeichnet sich weitestgehend durch seine Gestaltung aus, weshalb dieses holzhaltige Papier vermutlich nicht genutzt wurde, da somit die Optik der Bücher nicht den vorherigen gestalterischen Ansprüchen gerecht werden konnte. Auf die Besonderheit der Gestaltung der Albatross Bücher wird im Folgenden eingegangen.

2.4 Die Gestaltung der Bücher

2.4.1 *Äußerer Aufbau und Goldener Schnitt*

Die Gestaltung der Bücher des Albatross Verlags hängt im Wesentlichen auch mit dem modernen Konzept des Verlags zusammen. Dazu gehören mehrsprachige Klappentexte, gutes Papier, eine charakteristische Typografie und farblich kategorisierte Inhalte.[54] Trotz niedrigeren Preisen wurde wohl gerade auf die äußere Erscheinungsform wert gelegt. Die Gestaltung ist ein ausschlaggebender Punkt in der Geschichte des modernen Taschenbuchs, weshalb diese im Folgenden beschrieben und analysiert wird. Als Quelle dienen hier die Bücher selbst.

Die Albatross Taschenbücher wurden im Format Klein-Oktav, mit einer Länge von 181 mm und einer Breite von 112 mm hergestellt. Die Bücher sind somit klein, äußerst schmal und aufgrund dessen handlich, sodass sie in verschiedene Taschen hineinpassen, wie zum Beispiel in eine Jackentasche. Die Bände sind kartoniert und besitzen farbige Buchumschläge. Bis auf diese farbigen Umschläge, ist das Cover der Bücher bei jedem Buch auf dieselbe Weise gestaltet. Ein weißer Rahmen, etwa 5 mm breit, beinhaltet oben und unten die Worte: »The Albatross Library« und an den Seiten »The Albatross Modern Continental Library«, abweichend gibt es auch Bücher, in deren Rahmen unten »Leipzig Paris Bologna« steht. Die Schriftfarbe im Rahmen ist gleich der Farbe mit welcher der Umschlag gestaltet ist. Innerhalb des weißen Rahmens steht rechteckig umrahmt von zwei weiteren schwarzen Doppellinien zunächst der Titel des Werks in Großbuchstaben, dann der Autorenname und darunter ein stilisierter Vogel. Bei diesem Vogel handelt es sich um einen Albatros mit ausgebreiteten Flügeln, der als Firmenlogo genutzt wird. Darunter steht in Großbuchstaben »The Albatross«. Den Verlagsna-

53 Friedrich, Heinz: Das Taschenbuch Lexikon: über 150 Stichworte rund ums Taschenbuch. 1. Aufl. Frankfurt am Main: Verl. der Buchhändler-Vereinigung 1998, S. 15.

54 Vgl. Bürger: Soncino-Gesellschaft der Freunde des jüdischen Buches, S. 88.

men und das Logo verbindet eine klare Zuordnung, die einen Wiedererkennungseffekt auslöst.

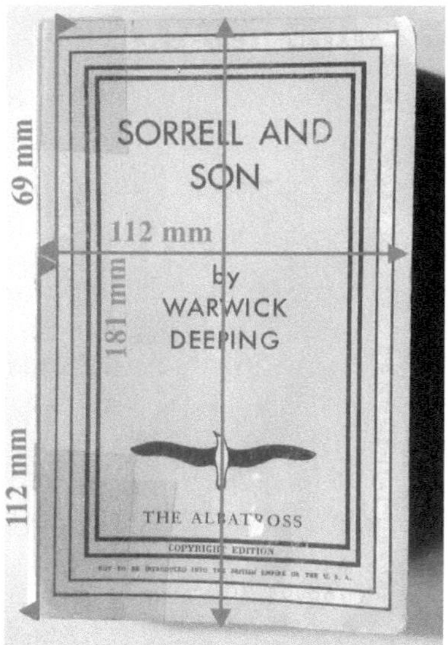

Abbildung 1: Das Buchcover im Goldenen Schnitt.

Der Verlagsname ist, im Gegensatz zu Titel, Autorenname und anderen Wörtern auf dem Buchcover, mit einer Serifenschrift geschrieben. Zwischen dem großen und dem kleineren schwarzen Rahmen steht unten, um welche Edition es sich bei dem jeweiligen Buch handelt. Die Buchgröße, 181 mm x 112 mm, sowie der Aufbau des Covers orientieren sich an dem sogenannten Goldenen Schnitt. Dieser wird hier als Beispiel mit den entsprechenden Bemaßungen in Abbildung 1 dargestellt. Dies bedeutet, dass sich der kleinere Teil einer Strecke so zum größeren verhält, wie die Summe der beiden Teilstrecken zum größeren Teil.[55] Es handelt sich also um die besondere Form einer geometrisch proportional asymmetrischen Teilung.

Durch die im oberen beschriebene Anordnung des Titels, Autors und Verlags, wirkt das Buchcover geordnet, ruhig und harmonisch. Es gibt aber auch eine klare Ordnung vor und sichert damit auch den Wiedererkennungseffekt für die Reihe. Das Layout ist somit nach einem klaren Konzept gestaltet worden.

Auf der Rückseite der Bücher befindet sich nochmals das Verlagslogo, ein Albatros mit ausgebreiteten Flügeln, umrahmt von einem weißen, rechteckigen Rahmen, wie er sich schon auf der Vorderseite befindet. Hier allerdings ist, im Unterschied zur Vorderseite, keine Schrift enthalten. Auch hier wird nach dem Prinzip des Goldenen Schnitts vorgegangen. Der Albatros befindet sich im Goldenen Schnitt. Bei einigen Büchern ist als Zusatz unterhalb des Albatros', der Preis aufgedruckt. Zudem waren die Bücher wohl alle mit Schutzumschlägen aus Papier versehen.[56] Bei einigen Exemplaren

55 Vgl. Goldener Schnitt. In: Universallexikon von A–Z 2004. Gütersloh: RM Buch und Medien Vertrieb 2003, S. 327.

56 Vgl. Bürger: Soncino-Gesellschaft der Freunde des jüdischen Buches, S. 88.

ist dieser auch noch erhalten. Diese Schutzumschläge sind genauso gestaltet wie das eigentliche Cover selbst. Auf dem Buchrücken befindet sich in einem weißen Kasten der Titel des Werks und der Autor. Oben am Buchrücken ist die Reihennummer zu lesen. Somit ist ein schnelles Finden der gewünschten Bücher uneingeschränkt möglich.

2.4.2 *Layout und Satzspiegel*

Die innere Gestaltung der Bücher ist ebenfalls klar strukturiert und ergibt ein ruhiges Gesamtbild. Bei einer stichprobenartigen Sichtung einiger Werke aus dem Albatross Verlag ergaben sich folgende Ergebnisse.

Der Satzspiegel in den Büchern ist etwa 84 mm breit und 151 mm hoch. Aufgrund dessen ergibt sich, dass die Zeilenlänge einen gleichmäßigen Lesefluss ermöglicht. Die Seitenzahlen befinden sich jeweils am unteren Rand, auf geraden Seiten links und auf ungeraden Seiten rechts.

Bei einigen Büchern befinden sich die Seitenzahlen aber auch teilweise unten in der Mitte, wie beispielsweise bei dem Titel *The long Valley*[57] geschrieben von John Steinbeck aus dem Jahr 1939. Es handelt sich hierbei um eine Sammlung von Kurzgeschichten. Es befinden sich auch Kolumnentitel jeweils oben auf der rechten Seite des Buchs. Dies zeigt Abbildung 2.

Diese Überschriften sind, wie die Seitenzahl, zentriert gesetzt und ergeben somit eine klare Struktur. Hier weist die Seitenzahl die gleiche Schriftgröße wie der Fließtext auf. Der Kolumnentitel ist um 2 Punkt beziehungsweise 20 Prozent kleiner. Bei allen gesichteten Büchern waren neue Absätze mittels eines Einzugs hervorgehoben. Der Kopfsteg ist 13 mm hoch, während der Fußsteg etwa 16 mm misst. Die Außenstege besitzen ebenfalls eine Breite von etwa 16 mm. Dadurch ist gewährleistet, dass man das Buch in der Hand halten kann, ohne mit dem Daumen Buchstaben zu verdecken. Der Bundsteg wiederum ist in etwa 24 mm breit. Vergleicht man die innere Gestaltung der Werke untereinander, fällt auf, dass in allen gesichteten Werken die Buchstaben des Fließtexts mit einer Größe von 10 Punkt gestaltet sind. Des Weiteren handelt es sich um eine Schrift mit Serifen. Es wurde die Schrift Monotype old Style verwendet. Die Seitenzahlen sind passend dazu ebenfalls mit einer Serifenschrift mit einer Höhe von 2,38 mm beziehungsweise 9 Punkt gestaltet. Die Wahl einer Schrift mit Serifen ist ebenfalls für das Lesen

57 Steinbeck, John: The long Valley (The Albatross Modern Continental Library Vol. 509). Leipzig; Paris; Bologna: The Albatross 1939.

von Vorteil. Insgesamt ist die innere Typografie, wie das äußere Layout durch einheitliche, harmonische und klare Strukturen geprägt.

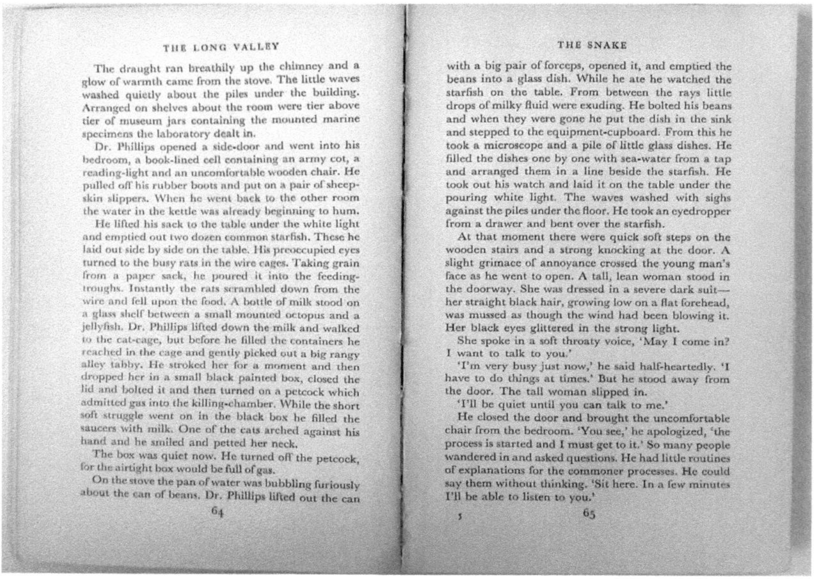

THE LONG VALLEY

The draught ran breathily up the chimney and a glow of warmth came from the stove. The little waves washed quietly about the piles under the building. Arranged on shelves about the room were tier above tier of museum jars containing the mounted marine specimens the laboratory dealt in.

Dr. Phillips opened a side-door and went into his bedroom, a book-lined cell containing an army cot, a reading-light and an uncomfortable wooden chair. He pulled off his rubber boots and put on a pair of sheep-skin slippers. When he went back to the other room the water in the kettle was already beginning to hum.

He lifted his sack to the table under the white light and emptied out two dozen common starfish. These he laid out side by side on the table. His preoccupied eyes turned to the busy rats in the wire cages. Taking grain from a paper sack, he poured it into the feeding-troughs. Instantly the rats scrambled down from the wire and fell upon the food. A bottle of milk stood on a glass shelf between a small mounted octopus and a jellyfish. Dr. Phillips lifted down the milk and walked to the cat-cage, but before he filled the containers he reached in the cage and gently picked out a big rangy alley tabby. He stroked her for a moment and then dropped her in a small black painted box, closed the lid and bolted it and then turned on a petcock which admitted gas into the killing-chamber. While the short soft struggle went on in the black box he filled the saucers with milk. One of the cats arched against his hand and he smiled and petted her neck.

The box was quiet now. He turned off the petcock, for the airtight box would be full of gas.

On the stove the pan of water was bubbling furiously about the can of beans. Dr. Phillips lifted out the can

64

THE SNAKE

with a big pair of forceps, opened it, and emptied the beans into a glass dish. While he ate he watched the starfish on the table. From between the rays little drops of milky fluid were exuding. He bolted his beans and when they were gone he put the dish in the sink and stepped to the equipment-cupboard. From this he took a microscope and a pile of little glass dishes. He filled the dishes one by one with sea-water from a tap and arranged them in a line beside the starfish. He took out his watch and laid it on the table under the pouring white light. The waves washed with sighs against the piles under the floor. He took an eyedropper from a drawer and bent over the starfish.

At that moment there were quick soft steps on the wooden stairs and a strong knocking at the door. A slight grimace of annoyance crossed the young man's face as he went to open. A tall, lean woman stood in the doorway. She was dressed in a severe dark suit—her straight black hair, growing low on a flat forehead, was mussed as though the wind had been blowing it. Her black eyes glittered in the strong light.

She spoke in a soft throaty voice, 'May I come in? I want to talk to you.'

'I'm very busy just now,' he said half-heartedly. 'I have to do things at times.' But he stood away from the door. The tall woman slipped in.

'I'll be quiet until you can talk to me.'

He closed the door and brought the uncomfortable chair from the bedroom. 'You see,' he apologized, 'the process is started and I must get to it.' So many people wandered in and asked questions. He had little routines of explanations for the commoner processes. He could say them without thinking. 'Sit here. In a few minutes I'll be able to listen to you.'

5 65

Abbildung 2: Ein aufgeschlagenes Albatross Buch.

2.4.3 *Das Farbkonzept*

Die äußere Form der Bücher der *The Albatross Modern Continental Library*, ist durch ihre Farbgebung besonders auffällig. Die farbigen Umschläge hat Hans Mardersteig ausgewählt, welche das Genre des jeweiligen Buchs anzeigen.[58] Diese weist somit dem potenziellen Leser daraufhin, bei welchem Buch es sich um einen Liebesroman, eine Kriminalgeschichte oder Ähnlichem handelt. Stehen in einer Buchhandlung oder einer Bibliothek mehrere Bücher des Verlags nebeneinander, genügt die bloße Ansicht um das jeweilige favorisierte Genre schnell zu identifizieren. Liebes- und Eheromane sind blau. Abbildung 3 zeigt als Beispiel dafür das Cover des Romans *Marriage in heaven*, geschrieben von Ronald Fraser, in dem es um einen Mann und eine eigenwillige Frau geht, die sich nicht anpassen möchte.[59]

58 Vgl. Albatross. In: Tauchnitz Editions Website.

59 Vgl. Fraser, Ronald: Marriage in Heaven (The Albatross Modern Continental Library Vol. 46). Hamburg [u.a.]: The Albatross Verlag GmbH 1932.

Abbildung 3: Blaues Cover von Marriage in Heaven.

Der Buchumschlag von Abenteuergeschichten ist rot, wie zum Beispiel der Titel *Hudson rejoins the Herd*[60], geschrieben von Claude Houghton.

Mit der Farbe orange sind Kurzgeschichten sowie humoristische Werke gekennzeichnet. In *The trembling of a leaf*[61] von William Somerset Maugham befinden sich mehrere kurze Geschichten über die Südseeinseln. Aufgrund dessen ist der Umschlag des Buchs in orange gestaltet. Bücher mit gelben Umschlägen beinhalten psychologische Romane und Essays, wie zum Beispiel der Roman *Sorrell and Son* von Warwick Deeping, in dem es um die Beziehungen zwischen Vater, Sohn und einer totgeglaubten Mutter geht.[62]

Das Buch *The Ocean*, geschrieben von James Hanley, ist mit einem grünen Umschlag versehen, wie Abbildung 4 zeigt. In dieser Geschichte geht es um das Überleben auf dem Meer, nachdem ein Schiff nach einem Sturm gesunken ist.[63] Demnach sind Reiseerzählungen und Romane aus fremden Ländern mit einem grünen Umschlag versehen, so die Schlussfolgerung.

Bei Büchern des Albatross Verlags mit einem violettfarbenen Einband handelt es sich um Biografien und historische Romane, wie zum Beispiel bei der Geschichte *The Fight for Life* von Paul de Kruif, die das Leben und die damaligen Risiken einer Schwangerschaft sowie die Gründe von Todesfällen nach der Geburt beschreibt und die Rolle der Ärzte dabei.[64] Das Cover des

60 Houghton, Claude: Hudson rejoins the Herd (The Albatross Modern Continental Library Vol. 570). Hamburg [u.a.]: Albatross 1947.

61 Maugham, William Somerset: The Trembling of a Leaf: Little Stories of the South Sea Islands (The Albatross Modern Continental Library Vol. 4585). Rome: The Albatross 1950.

62 Vgl. Deeping, Warwick: Sorrell and Son (The Albatross Modern Continental Library Vol. 224). Hamburg [usw.]: The Albatross 1934.

63 Vgl. Hanley, James: The Ocean (The Albatross Modern Continental Library Vol. 555). Hamburg [u.a.]: Albatross 1947.

64 Vgl. De Kruif, Paul: The Fight for Life (The Albatross Modern Continental Library Vol. 513). Leipzig [usw.]: The Albatross 1939.

Abbildung 4: Grünes Buchcover des Titels The Ocean.

Buchs ist in Abbildung 5 zu sehen. Mit der Farbe grau versehen sind Bücher, bei denen es sich inhaltlich um Dramen, Gedichte oder gesammelte Werke handelt. Als Beispiel kann hier *The Poems and Essays of Oscar Wilde* genannt werden, welches, wie der Titel des Werks bereits angibt, Gedichte von Oscar Wilde beinhaltet.[65] Die Farben sind somit strukturiert.

Abbildung 5: Violettes Buchcover von The Fight for Life.

Zwar informieren die Farben bereits über das Genre des jeweiligen Buchs, doch gibt es auf der linken Innenseite der Umschläge bei einigen Büchern eine kurze Inhaltsangabe. In drei Sprachen, Englisch, Deutsch und Französisch, wird über das genaue Thema des Werks informiert. Auf der rechten Seite befindet sich in einigen Werken, ebenfalls in mehreren Sprachen die Erklärung der farbigen Umschläge, wie zum Beispiel bei dem Werk *The Fountain*[66] von Charles Morgan. In diesem Buch befindet sich auf der rechten Innenseite des Umschlags in den Sprachen Eng-

65 Vgl. Wilde, Oscar: The Poems and Essays of Oscar Wilde (The Albatross Modern Continental Library Vol. 257). Hamburg [usw.]: The Albatross 1935.

66 Morgan, Charles: The Fountain (The Albatross Modern Continental Library Vol. 57). Hamburg [usw.]: The Albatross 1933.

lisch, Deutsch, Französisch und Italienisch eine Erklärung zur Farbordnung der Umschläge.

2.4.4 *Gestaltungsvarianten der Reihen Mystery Club und Crime Club*

Die Umschläge der Reihe *The Albatross Mystery Club* sind etwas anders gestaltet worden. Zwar ist der Aufbau des Buchcovers gleich gehalten, doch sind die Unterschiede deutlich zu erkennen.

Es gibt speziell für den *The Albatross Mystery Club* ein eigenes Logo. Unterhalb des Namens des Autors befindet sich ein Rechteck, etwa 37 mm breit und 56 mm lang, darin ist »The Albatross« in Großbuchstaben geschrieben, darunter befindet sich eine Eule, die mit ausgebreiteten Flügeln nach vorne schaut. Unter dieser Eule steht, ebenfalls in Großbuchstaben »Mystery Club«. Hier ist deutlich erkennbar, dass vor allem das Logo der Reihe im Vordergrund stehen soll, da der Titel, nicht wie bei der Reihe *The Albatross Modern Continental Library*, in Großbuchstaben steht. Der Titel ist mit der serifenlosen Schrift Gill Sans in der Größe 27 Punkt gedruckt und besitzt eine Schriftlinienstärke von 0,75 mm. Auch der Autorenname ist in einer serifenlosen Schrift eingefügt mit einer Schriftlinienstärke von 0,5 mm. Dieser befindet sich wesentlich dichter an dem darüber stehenden Titel auf dem Cover des Mystery Clubs und besitzt eine Schriftgröße von 18 Punkt. Farblich gibt es ebenfalls einen Unterschied. Die Umschläge sind grau, während die Schrift sowie der Hintergrund des Logos grün sind. Als Beispiel dient hier *Rough Passage* von Gavin Douglas,[67] dessen Cover in Abbildung 6 zu sehen ist.

Abbildung 6: Buchcover aus der Reihe Mystery Club.

Die Rückseite der Bücher aus der Reihe *The Albatross Mystery Club* sind auf die gleiche Weise gestaltet, wie die

67 Vgl. Douglas, Gavin: Rough Passage (The Albatross Mystery Club Vol. 404). Leipzig; Paris; Bologna: The Albatross 1937.

Bücher der Reihe *The Albatross Modern Continental Library*. Dort befindet sich ebenfalls ein Albatros. Die innere Gestaltung weist ebenfalls Differenzen auf. Der Fließtext ist mit 11 Punkten größer und die Seitenzahl befindet sich oben mit einer Schriftgröße von 10 Punkt. Es befindet sich ein Kolumnentitel auf den Innenseiten. Eine Gemeinsamkeit ergibt sich aus der Schriftart. Es handelt sich, wie bei der zuvor erläuterten Reihe um eine Serifenschrift, die Monotype old Style.

Die Umschläge der Reihe *The Albatross Crime Club*, sind ebenfalls anders gestaltet. Das Layout ist insgesamt das gleiche wie das der Reihe The Albatross Modern Continental Library, doch sind hier auf die Reihe abgestimmt Änderungen vorgenommen worden.

In dem weißen Rahmen steht *The Albatross Crime Club* in Großbuchstaben geschrieben. Wie bei der Reihe *The Albatross Mystery Club*, existiert auch hier ein eigenes Logo für die Reihe. Es handelt sich hierbei um einen vermummten Kopf. Unter diesem Kopf steht in Großbuchstaben »The Albatross Crime Club«.

2.4.5 *Internationale Produktionsunterschiede*

Neben diesen grundsätzlich übereinstimmenden Charakteristika aller Reihen, lassen sich aber innerhalb der gefertigten Produkte auch materielle und typografische Ungleichheiten feststellen. Vergleicht man in der Reihe der Albatross Bücher die Druckerzeugnisse aus Deutschland mit denen aus Italien, sind bei genauerem Hinsehen Unterschiede zu erkennen. Abbildung 7 verdeutlicht dies.

Zunächst ist das Papier der italienischen Drucke rauer als das der deutschen Bücher. Auch das Layout des Covers weist Unterschiede auf. Der Titel, der in Italien gedruckten Werke, ist mit einer Schriftgröße von 20 bis 22 Punkt, etwa 2 mm kleiner als der aus Deutschland. Auch die Schriftlinienstärke ist unterschiedlich. Werke, die in Deutschland gedruckt wurden, haben Schriftschnitte, die eine Linienstärke von 1 mm aufweisen, während Titel aus Italien lediglich 0,5 mm haben. Auch der Autorenname ist in deutscher Produktion fetter gesetzt mit einer Linienstärke von 0,75 mm, während es bei italienischen Drucken der Reihe nur 0,5 mm sind. Der Autorenname befindet sich dichter am Titel und ist mit 22 Punkt Schriftgröße 6 Punkt größer als bei Büchern, die in Italien gedruckt wurden. Auch der Verlagsname ist kleiner gedruckt und weist eine Schriftgröße von 12 Punkt auf. In den in Deutschland gedruckten Werken sind es 14 Punkt. Die Schriftart ist eben-

Abbildung 7: Die Unterschiede der Druckerzeugnisse aus Deutschland (links) und Italien (rechts).

falls eine andere. Der Verlagsname ist mit einer serifenlosen Schrift gedruckt, während er in deutschen Erzeugnissen des Verlags mit einer Schrift mit Serifen gedruckt ist. Des Weiteren beginnt der weiße Rahmen dichter am Rand der Bücher, sodass das Buch insgesamt gestreckter wirkt. Die innere Gestaltung weist keine Unterschiede auf.

2.4.6 Parallelen zur zeitgenössischen Kunst

Die Aufmachung der Albatross Buchreihen mit den klaren geometrischen Strukturen und der Farbgebung lassen durchaus Parallelen zu der Mitte der 1920er Jahren aufkommenden »konkreten Kunst« erkennen, aber auch zu Walter Gropius »Bauhaus-Architektur«.

Im Kunstlexikon von Peter W. Hartmann wird der Begriff konkrete Kunst wie folgt definiert:

> *Konkrete Kunst, Art Concret, Bezeichnung für die abstrakte Kunst, in der das einzelne konkret vorhandene Kunstobjekt, losgelöst von*

> *Gegenständlichkeit und und naturalistischen oder symbolischen Assoziationen, nur sich selbst repräsentiert. Bezogen auf die Malerei, soll der Terminus von Theo van Doesburg (1883–1931) geprägt worden sein. Doesburg lehnte den Ausdruck »abstrakt« ab und meinte dazu schon 1924, dass nichts konkreter, nichts wirklicher sei als eine Linie, eine Farbe oder eine Fläche.*[68]

Klare geometrische Figuren finden sich im Bauhausgebäude von Walter Gropius in Dessau. Auch für die Bauhaus-Architektur war der Goldene Schnitt maßgebend.[69]

Die Albatross Bände weisen neben der Aufteilung im Goldenen Schnitt sowohl klare Linien und Flächen auf, als auch eine strukturierte Umgangsweise mit Farbe. Im Gegensatz zur konkreten Kunst hat man sich hier aber nicht auf Primärfarben beschränkt, sondern hat mehr Farben mit einbezogen. Dies kann aus dem breit gefächerten Verlagsprogramm resultieren, welches für eine klare Unterscheidung der einzelnen Sachgebiete mehr als drei Farben benötigt. Das lässt sich aber durch die Mischung der Grundfarben realisieren.

68 Konkrete Kunst. In: BeyArs.com, elektronischer Volltext des großen Kunstlexikons Hrsg. von Peter W. Hartmann. http://www.beyars.com/kunstlexikon/lexikon_4979.html [26.10.2015].

69 Vgl. Hilpert, Thilo: Century of Modernity: Architektur und Städtebau. Essays und Texte. Berlin: Springer Vieweg 2015, S. 90.

3 TAUCHNITZ EDITIONS UND ALBATROSS BOOKS – EIN VERGLEICH

3.1 Zur Geschichte des Bernhard Tauchnitz Verlags

Bernhard Tauchnitz gründete 1837 den Bernhard Tauchnitz Verlag in Leipzig[70], um seine Ideen zu verwirklichen. Demnach ist der Bernhard Tauchnitz Verlag 95 Jahre älter als der Albatross Verlag.

1841 begann mit der Reihe *Tauchnitz Edition Collection of British and American Authors* eine wichtige Entwicklung für das Taschenbuch, da »sie vom Erscheinungsbild her die größte Ähnlichkeit mit dem heutigen modernen Taschenbuch aufzuweisen hat.«[71] Dies zeigt, dass der Bernhard Tauchnitz Verlag ein wichtiger Vorläufer des heutigen Taschenbuchs war.

1930 war Wegner Leiter des Tauchnitz Verlags, doch durch Differenzen mit der Familie Tauchnitz wurde die Zusammenarbeit beendet.[72] Die Familie hat nicht gesehen, dass es Veränderungen bedurfte, um das Unternehmen aufrecht zu erhalten.[73] Im Anschluss daran gründete Christian Wegner den Albatross Verlag. Die Ideen Wegners wurden somit statt im Tauchnitz Verlag in seinem eigenen Verlag unter dem Logo des Albatros umgesetzt. Durch diese Entwicklung bekam die Reihe *Tauchnitz Edition* einen direkten Konkurrenten.

Zuvor hat der Verlag auch durch den Ersten Weltkrieg Rückschläge erlitten.[74] Werner Jäckh führt in der Festschrift für das 125-jährige Jubiläum des Tauchnitz Verlags weiterhin an, dass Verlage mit fremdsprachiger Litera-

70 Vgl. Hiller/Füssel: Wörterbuch des Buches, S. 321.
71 Völker: Das Buch für die Massen, S. 66.
72 Vgl. Wegner: Des Rätsels Lösung: Taschenbücher.
73 Vgl. ebenda.
74 Vgl. Jäckh: Festschrift zum 125 jährigen Bestehen der Firma Bernhard Tauchnitz Verlag 1837–1962, S. 12.

tur oft politischen und geistigen Einflüssen ausgesetzt sind.[75] Der Erfolg ist somit natürlich auch von den äußeren Gegebenheiten abhängig. Durch das Konkurrenzunternehmen Albatross wurde die Situation wohl nicht besser. 1934 wurde der Tauchnitz Verlag von der Firma Brandstetter & Co. gekauft und eine »Interessengemeinschaft zwischen der Druckerei Brandstetter und dem Albatross-Verlag in Paris wurde erzielt.«[76] Wie im Vorangegangenen bereits erwähnt, hat auch The Albatross bei der Druckerei Brandstetter drucken lassen, weshalb schon vor dem Kauf des Tauchnitz Verlags eine Zusammenarbeit bestand. Die Interessengemeinschaft entstand wohl daraus, dass die Druckerei Oscar Brandstetter die Firma kaufte und die Bücher druckte, während der Albatross Verlag die redaktionelle und gestalterische Arbeit übernahm.[77] 1939 brach der Zweite Weltkrieg aus. Bereits zuvor war die Situation des Tauchnitz Verlags und des Albatross Verlags aufgrund der erläuterten politischen Lage schwierig. Die Papierknappheit führte vermutlich zu einem zusätzlichen wirtschaftlichen Rückschlag. Die Tauchnitz Reihe endete 1943 mit der Bombardierung der Druckerei Brandstetter.[78] In der Festschrift ist zu lesen, dass der Verlag nach dem Krieg, 1946 nach Hamburg verlegt wurde, doch der Wiederaufbau in der Nachkriegszeit schwierig war und er später verkauft wurde.[79]

3.2 Das Konzept des Tauchnitz Verlags

Werner Jäckh stellt fest, dass Bernhard Tauchnitz mit der Gründung seines Verlags 1837 sein Geschäftsmodell verwirklichen wollte, die beste zeitgenössische Literatur Englands in englischen Ausgaben, in einem handlichen Format und zu bescheidenem Preis sowohl für Reisende als auch für Bewohner auf dem europäischen Kontinent zu veröffentlichen.[80] Mit der *Tauchnitz Edition*, eine Reihe mit Werken von britischen und amerikanischen Autoren, verwirklichte er seine Idee. Die Eigenschaften »handlich und preisgünstig« sind auch heute noch, laut genannter Definitionen, die Charaktereigenschaften eines Taschenbuchs.

75 Vgl. ebenda, S. 12.
76 Ebenda, S. 12.
77 Vgl. Tauchnitz. In: Die Paperbackrevolution. https://paperbackrevolution.wordpress.com/tauchnitz/ [23.05.2015].
78 Vgl. ebenda.
79 Vgl. Jäckh: Festschrift zum 125 jährigen Bestehen der Firma Bernhard Tauchnitz Verlag 1837–1962, S. 13.
80 Vgl. ebenda, S. 5.

Auch Wegner selbst sieht das Vorbild der Taschenausgaben bei der Firma Bernhard Tauchnitz. Fast hundert Jahre lang hat sie jeden Monat vier Bände englischer Romanliteratur in Nachdruckausgaben herausgebracht und diese broschierten Bücher, die ringsherum beschnitten waren, sodass man sie sofort habe aufschlagen und lesen können, überall in der Welt vertrieben.[81] Auch hier war der internationale Vertrieb und die damit verbundene Weltoffenheit wichtig.

Als die Serie begann, gab es keine anerkannten internationalen Urheberrechtsabkommen. Es war üblich, dass englischsprachige Romane in Europa ohne Anerkennung des Urheberrechts oder einer Zahlung an den Autor veröffentlicht wurden.[82] Bernhard Tauchnitz praktizierte dies anders: Er bat die Autoren um eine Abdruckerlaubnis und zahlte ihnen ein Honorar.[83] Dadurch war es vermutlich nochmals einfacher Autoren zu gewinnen, die ihr Werk in seinem Verlag drucken ließen. Ein Beleg dafür ist, dass die Nachdrucke oftmals zeitnah zur Erstausgabe in Großbritannien und der USA erschienen.[84] Dies scheint aber nur bis zum Weggang Wegners und der Gründung des Albatross Verlags gegolten zu haben, denn Michael Bhaskar sieht die Differenzen zwischen Albatross und Tauchnitz gerade auch in den aktuelleren Inhalten der Albatross Bücher im Bezug auf Autoren des zwanzigsten Jahrhunderts.[85]

Auf dem Cover der Bücher ist zu lesen: »Not to be introduced into the British Empire and U.S.A.«, wie auch auf den Ausgaben der Albatross Bände, weil sich die erworbenen Lizenzen ausschließlich auf Kontinentaleuropa beschränken. Das hat Reisende trotzdem nicht davon abgehalten solche Bücher vom Kontinent mit zurück nach Großbritannien beziehungsweise in die USA zu nehmen, was sich durch den Erhalt einiger Bücher in britischen und amerikanischen Antiquariaten zeigt. Deshalb ist es auch möglich auf der Internetseite AbeBooks entsprechende Ausgaben der Bücher sowohl von Anbietern aus Großbritannien als auch aus der USA zu finden. Zumal das Format dieser Bücher einen verborgenen Transport durchaus möglich machte und der Zoll wohl wenig Interesse an diesen Produkten hatte.[86]

81 Vgl. Wegner: Des Rätsels Lösung: Taschenbücher.
82 Vgl. Jäckh: Festschrift zum 125 jährigen Bestehen der Firma Bernhard Tauchnitz Verlag 1837–1962, S.7.
83 Vgl. Völker: Das Buch für die Massen, S. 67.
84 Vgl. Tauchnitz. In: Die Paperbackrevolution.
85 Vgl. Bhaskar: The Content Machine, S. 99.
86 Vgl. Tauchnitz Editions. In: AbeBooks Website. http://www.abebooks.co.uk/books/RareBooks/publisher-paperbacks-literature-classics/tauchnitz.shtml [03.06.2015].

1841 begannen die Tauchnitz Bände: »Das Verlagsverzeichnis von 1933 weist allein 525 Autorennamen mit 5.097 Titeln bzw. Nummern auf, die zwischen 1841 und 1933 erschienen sind.«[87]

Daraus kann man folgern, dass der Tauchnitz Verlag mit seinem Konzept durchaus erfolgreich war. Das Konzept, englische Werke in Originalsprache zu niedrigen Preisen zu verlegen, hat zur damaligen Zeit eine Marktlücke[88] gefüllt. Tauchnitz hatte aufgrund dessen eine Monopolstellung, bevor mit dem Albatross Verlag ein Konkurrent auf den Markt kam.
Des Weiteren gab es eine Idee, die passend zum Konzept, erfolgreich war: Tauchnitz bot seine Taschenbücher dort an, wo man englische Touristen antraf und sie zum Kauf animieren konnte: in Bahnhöfen. Er ließ die Bücher dort verkaufen und sei somit zum Erfinder des Bahnhofbuchhandels und zum Wegbereiter des modernen Taschenbuchvertriebs geworden.[89] Doch allein mit englischen Touristen lässt sich der Geschäftserfolg nicht erklären, sondern wohl eher durch das Gesamtaufkommen der Reisenden.

Es entspricht auch heute noch dem Konzept des Taschenbuchs und verstärkt damit nochmals die Wichtigkeit des Bernhard Tauchnitz Verlags. Es war und ist für eine breite Leserschaft bestimmt und war damals für alle Gesellschaftsschichten zugänglich. Es war eine Art »Mittelgut, das sich durch Neuheit und Authentizität, […] und seiner Gattungsvielfalt auszeichnete.«[90]

Die Vielfältigkeit der *Tauchnitz Editions* zeichnete sich durch die verschiedenen Autoren aus, die ihre Werke im Bernhard Tauchnitz Verlag verlegen ließen, doch die Neuheit und die Authentizität kann nur durch Weiterentwicklung bestehen bleiben. Da die Tauchnitz Editions über viele Jahre nicht weiterentwickelt wurden, war der Albatross Verlag ein enormer Konkurrent. Der Albatross Verlag verwendete das gleich Konzept wie das der Tauchnitz Edition Collection of British and American Authors. Der Unterschied lag in der modernen Gestaltungsweise der Albatross Bücher, die im Folgenden mit der Gestaltung der Tauchnitz Editions verglichen wird.

87 Jäckh: Festschrift zum 125 jährigen Bestehen der Firma Bernhard Tauchnitz Verlag 1837–1962, S. 11.
88 Vgl. Völker: Das Buch für die Massen, S. 66.
89 Vgl. ebenda, S. 66.
90 Ebenda, S. 63.

3.3 Die Gestaltung der Tauchnitz Editions

Die *Tauchnitz Edition* wurden einfach und prägnant gestaltet. Dies geht aus einer stichprobenartigen Sichtung einiger Werke hervor und ist auch in der Abbildung 8 zu erkennen. Das Buchcover ist durch zwei breite, waagrechte, schwarze Striche dreigeteilt. Im oberen Drittel befindet sich die Reihenbezeichnung *Tauchnitz Edition Collection of British and American Authors* sowie die Reihennummer. In der Mitte befindet sich der jeweilige Titel des Werks und der Autorenname. Im unteren Drittel befindet sich der Erscheinungsort und Verlagsname. Somit bildet das Buchcover eine klare Ordnung mit allen nützlichen Informationen. Auf der Innenseite des Buchumschlags befindet sich eine Auflistung der neuesten erschienenen Werke im Tauchnitz Verlag. Diese Auflistung wird auf der Rückseite der Bücher weitergeführt. Die Farbe der Buchumschläge der Tauchnitz Editions ist im schlichten weiß gehalten. Die Typografie dieser Reihe wurde im Laufe der Jahre nicht wesentlich verändert. Dies führt dazu, dass sie für Kunden in einer Buchhandlung sofort erkennbar waren und auch heute noch in einer Bibliothek, die mehrere Bände besitzt, erkannt wird.

Abbildung 8: Buchcover einer Tauchnitz Edition von 1932.

Vergleicht man die Bücher des Albatross Verlags mit den Taschenbüchern der *Tauchnitz Edition*, ist ein enormer gestalterischer Unterschied zu sehen. Die Buchumschläge der Tauchnitz Bücher sind in einem einzigen Farbton gehalten, sodass zwar die Reihe *Tauchnitz Edition* gut zu erkennen ist, neben den Taschenbüchern von Albatross aber eher unauffällig wirkt. Die bunte Vielfalt der Albatross Bücher ist für den potenziellen Käufer in einer Buchhandlung durch ihre Farbgebung auffälliger gewesen.

Während die Farbgebung einen enormen gestalterischen Unterschied darstellt, ist der Aufbau der Cover mit den dazugehörigen Informationen ähnlich aufgeteilt und überzeugt durch seine klare Struktur. Es gibt nur wenige Unterschiede. Der Titel ist mit einer Schriftgröße von 31 Punkt größer als der Titel auf den Albatross Büchern. Darüber hinaus ist er mit einer Schriftlinienstärke von 2,25 mm dicker. Auch der Autorenname ist mit einer Stärke von 1,5 mm dicker, allerdings fast gleich groß mit 22 mm je nach Land in dem es gedruckt wurde. Der Reihenname ist mit 18 Punkt ebenfalls größer. Bei Albatross erscheint der Reihenname lediglich in dem schmalen weißen Rahmen. Allerdings ist bei Tauchnitz der Verlagsname mit einer Schriftgröße von 10 Punkt sehr klein gehalten. Eine Gemeinsamkeit findet sich in den verwendeten Schriften. Es handelt sich, wie bei Albatross um eine serifenlose Schrift. Diese wurde aber im Gegensatz zu den Albatross Bänden auf der gesamten Titelseite verwendet. Ebenfalls eine Gemeinsamkeit ist die Tatsache, dass der Titel die größte Schrift von allen verwendeten Schriftgrößen bildet und der Fokus somit auf den Titel gesetzt wurde.

Ein weiterer Unterschied bildet das Format. Die Bücher der *Tauchnitz Edition* sind bis zum Jahre 1935 mit einer Länge von 164 mm und mit einer Breite von 118 mm erschienen. Im Vergleich zu den Albatross Büchern sind sie demnach etwas kleiner, dafür aber breiter. Die praktische Handhabung hat durch dieses Format gelitten: »Die Bände waren zu breit, als daß man sie bequem in die Jackentasche hätte stecken können.«[91] Obwohl die Differenz nur wenige Millimeter beträgt, sind es wohl die entscheidenden. Weshalb auch hier die Albatross Bände im Vergleich zu den Tauchnitz Büchern die Vorreiter waren und letztendlich auch dem Kunden interessanter erschienen. Die innere Gestaltung bildet mit der Schriftgröße, Schriftart und Seitenzahlengröße eine Gemeinsamkeit zu den Albatross Büchern. Die Seitenzahlen befinden sich allerdings oben an jeder Seite am jeweils äußeren Rand. Der Satzspiegel ist 89 mm breit und 137 mm hoch. Daraus ergeben sich größere Zeilenlängen, die den Lesefluss erschweren. Die Albatross Bücher sind leserfreundlicher.

Ab dem Jahre 1935 erschienen auch die *Tauchnitz Editions* in dem gleichen Format wie die Albatross Bücher. Dies ist aus dem Bestand der Bereichsbibliothek Philosophicum der Universität Mainz abzuleiten. Als Beispiel dient das Buch *Mundos*, welches in Abbildung 9 zu sehen ist. Des Weiteren sind in einigen Büchern nun auch Umschläge mit einem dreisprachigen Klappentext zu finden, die die Albatross Bände kennzeichnen. Auch das Layout des Covers ähnelt dem Cover der Albatross Bücher mehr. Die Schriftgrößen wurden verkleinert, allerdings ist immer noch der Titel die auffallendste Information. Dies wird durch eine moderne Schrift, die die Buchstaben zweiteilt,

91 Drews: »Macht unsre Bücher billiger!«, S. 14.

Abbildung 9: Ein modernisiertes Cover der Tauchnitz Editions.

unterstützt. Ein Unterschied zu den früheren Tauchnitz Ausgaben, sind auch die verwendeten Schriften bei der Angabe des Autors sowie der Reihe selbst. Es wurden Serifenschriften verwendet und verdeutlichen somit den Unterschied zwischen Titel und anderen Informationen zu den Werken. Moderner ist auch die Verwendung von Farben. Es sind links und rechts neben den Angaben zum Werk auf jeder Seite zwei farbige, senkrechte Striche gezogen. Oben und unten sind es ebenfalls jeweils zwei waagrechte Striche. In diesen Strichen ist, wie bei den Albatross Bänden, der Reihenname aufgeführt und unten die Städtenamen »Leipzig Hamburg Paris«. Die Ähnlichkeiten sind somit sehr eindeutig zu erkennen.

Diese Modernisierung stand sicherlich mit dem Verkauf des Verlags in Verbindung, da der Tauchnitz Verlag zwar an die Druckerei Brandstetter verkauft wurde, die redaktionelle und gestalterische Arbeit aber vom Albatross Verlag übernommen wurde.

Insgesamt ergibt sich aus dem vorangegangenen Vergleich, dass die Albatross Reihen für die damaligen Kunden vor dem Verkauf des Tauchnitz Verlags in den Buchläden attraktiver erschienen. In ihrer Gestaltung waren sie moderner, durch die Farbgebung und in ihrem Format praktischer, da sie etwas schmaler und damit handlicher sind. Dies war wohl auch ausschlaggebend dafür, dass die *Tauchnitz Edition* nach der Bildung der Interessengemeinschaft modernisiert wurde.

4 PENGUIN BOOKS UND ALBATROSS BOOKS – EIN VERGLEICH

4.1 Zur Geschichte des Penguin Books Verlags

Der Verlag Penguin Books wurde von Allen Lane im Jahre 1935[92] gegründet und kann zu den größten englischen Taschenbuchverlagen gezählt werden. Auf der Internetseite *Fluter.de* von der Bundeszentrale für politische Bildung werden die Bücher des Verlags in einem Beitrag von Robert Schmidt als die ersten Taschenbücher bezeichnet.[93] In Großbritannien war der Penguin Books Verlag wohl auch der erste moderne Taschenbuchverlag. Doch der Albatross Verlag wurde vor dem Penguin Books Verlag gegründet und brachte das erste Taschenbuch aus seiner Reihe bereits 1932 heraus und damit drei Jahre vor dem Verlag aus Großbritannien.

Es gibt viele Gemeinsamkeiten, doch auch große Unterschiede. Der Unterschied zu Albatross war die Entwicklung des Penguin Books Verlags. Der Penguin Books Verlag entwickelte sich schnell weiter. Penguin Books hatte bis Mitte 1937 schon mehr als hundert Bücher verlegt[94], weshalb wohl die Überlegung kam, den Verlag zu erweitern. Zu der bisherigen Literatur habe man ein Bildungsgegenstück entwickeln wollen, weshalb für die Reihe ein eigener Name ausgesucht wurde – es entstanden die Pelican Bücher.[95]

Zum Vergleich lässt sich hier anfügen, dass der Albatross Verlag, hervorgehend aus der erstellten Bibliografie, nach zwei Jahren Tätigkeit ebenfalls weit mehr als hundert Werke verlegt, sein Verlagsprogramm, im Unterschied zu Penguin, aber nicht erweitert hatte.

92 Vgl. Völker: Das Buch für die Massen, S. 70.

93 Vgl. Schmidt, Robert: Die Paperback-Revolution. Handlich günstig, leicht: Das Paperback. In: Fluter vom 03.05.2014. http://www.fluter.de/de/134/literatur/12879/ [11.05.2015].

94 Vgl. Williams: The Penguin Story: 1935–1956, S. 65.

95 Vgl. Ebenda, S. 12.

Durch die schnelle Ausbreitung des Penguin Books Verlags gelang es auch weiterhin erfolgreich zu wirtschaften. Penguin Books habe den Zweiten Weltkrieg aufgrund ihres massiven Vorkriegsumsatzes überstehen können.[96] Des Weiteren hatte der Penguin Books Verlag den Vorteil, seine Bücher direkt in Großbritannien und USA verkaufen zu können. Mit seiner englischsprachigen Literatur bediente er damit direkt den muttersprachlichen Markt. Nach dem Zweiten Weltkrieg war eine uneingeschränkte Einfuhr britischer und amerikanischer Taschenbücher in den europäischen Kontinent erlaubt.[97] Das hatte den Vorteil, dass Penguin seine verlegten Titel weltweit verkaufen konnte und durch sein breit gefächertes Verlagsprogramm war es dem Verlag möglich, die Kundenwünsche weitestgehend zu erfüllen.

Eine weitere Gemeinsamkeit in der Geschichte dieser beiden Verlage bildet die Tatsache, dass sich Kurt Enoch, nach seiner Emigration in die USA, an dem amerikanischen Tochterunternehmen von Penguin Books beteiligte und dieses erfolgreich ausbaute.[98] Auch bei Albatross war Enoch, wie in einem der vorherigen Kapitel erläutert, eine wichtige Person für den Erfolg des Verlags.

Große Unterschiede in ihrer Erscheinungsform sind nicht vorhanden. Diese beiden Verlage weisen in ihrer Konzeption und ihrer Gestaltung große Parallelen auf, die in den folgenden beiden Kapiteln erläutert werden.

4.2 Das Konzept des Penguin Books Verlags

Das Konzept der Penguin Books war das gleiche wie das des Albatross Verlags, dennoch ist der Penguin Books Verlag auch heute noch bekannter, was wohl mit der unterschiedlichen Geschichte, dem Sitz, dem Marktzugang und der wirtschaftlichen sowie politischen Situation der Verlage zusammenhängt. Dass die beiden Verlage das gleiche Konzept und damit viele Gemeinsamkeiten haben, liegt daran, dass der Verlag Penguin Books das Konzept der Albatross Books übernahm.

Sichtbar wird dies zunächst anhand der Tatsache, dass es sich bei dem Verlagsnamen Penguin Books ebenfalls um einen Seevogel handelt. Zwar unterscheidet sich der Pinguin durch seine körperlichen Merkmale deutlich vom Albatros, doch gibt es durchaus eine Übereinstimmung. Denn der Name Penguin kann einfach in verschiedene Sprachen übersetzt werden. Dies ist ebenfalls wie bei Albatross ein Vorteil für die Vermarktung.

96 Vgl. Ebenda, S. 15.
97 Vgl. Drews: »Macht unsre Bücher billiger!«, S. 15.
98 Vgl. Jaeger: Kurt Enoch. In: Das jüdische Hamburg Website.

Die ersten Penguin Bücher seien sichere Titel gewesen.[99] Dies bildet ebenfalls eine Gemeinsamkeit zu Albatross. Wie bei Albatross waren es auch hier namhafte Autoren, wie Agatha Christie, deren Bücher erschienen sind. Es wurden Bücher verlegt, die zuvor als Hardcover-Ausgabe erfolgreich waren. Das Verlagsprogramm war dem des Albatross Verlags sehr ähnlich. Kriminalgeschichten, Romane und viele weitere Kategorien waren verlegt worden.

Auch hier war es wohl der Wunsch danach, günstige Bücher einer breiten Masse zugänglich zu machen und das Interesse an ihnen durch ihre Optik zusätzlich zu verstärken. Somit verfolgten Penguin Books und Albatross Books das gleiche Geschäftsmodell: Günstige Bücher einer breiten Leserschaft zur Verfügung zu stellen.

Der Verlag Penguin Books kann zu Beginn seiner Wirkungszeit somit als die britische Version des Albatross Verlags angesehen werden. Das Konzept der farbigen Umschläge wurde ebenfalls übernommen, was im folgenden Kapitel erläutert wird.

4.3 Die Gestaltung der Penguin Bücher

Die Bücher des Penguin Books Verlags sind, wie die Albatross Bücher, in dem Format Klein-Oktav produziert. Der Gründer des Penguin Verlags hatte dieses Format demnach von Albatross übernommen. Die Größe entspricht mit einer Länge von 181 mm und einer Breite von 112 mm exakt der Größe der Albatross Bücher. Dies ist nicht die einzige Gemeinsamkeit in der Gestaltung der Bücher dieser Verlage.

Es wurden des Weiteren farbige Buchumschläge eingesetzt, was ebenfalls eine große Ähnlichkeit zu den Albatross Büchern bildet. Diese farbigen Einbände kennzeichnen, wie auch die des Albatross Verlags, die verschiedenen Sachgebiete der Bücher.

Bei Büchern mit orange gestalteten Einbänden handelt es sich um »Fiction«, während es sich bei grün gestalteten Einbänden um mysteriöse Geschichten und Kriminalgeschichten handelt.

Biografische Themen sind durch die Einbände mit der Farbe dunkelblau erkenntlich gemacht worden. Als Beispiel kann die Biografie *Ariel*, geschrieben von André Maurois dienen, welche das erste Buch war, das im Penguin Books Verlag erschienen ist. Mit einem roten Umschlag versehen sind Reiseliteratur und Abenteuergeschichten.

99 Vgl. Williams: The Penguin Story: 1935–1956, S. 10.

Stehen in einer Bibliothek sowohl Albatross Bände als auch Penguin Books in der Nähe, kann man die Parallelen in ihrer Gestaltungsform deutlich erkennen. Unterschiede werden dann ersichtlich, wenn man die Buchcover miteinander vergleicht.

Als Beispiel der Umschlaggestaltung dient hier das in Abbildung 10 gezeigte Buch *The Dangerfield Talisman*, geschrieben von J. J. Connington, welches im Jahre 1938 im Penguin Books Verlag erschienen ist. Das Buchcover ist durch drei waagrechte Streifen in drei Teile aufgeteilt. Der obere sowie der untere Streifen sind farbig und geben somit das jeweilige Sachgebiet des vorliegenden Buchs an. Hier, bei dem Titel *The Dangerfield Talisman*, handelt es sich um die Farbe grün. Somit weiß der potentielle Leser des Buchs sofort, dass es sich um eine Geschichte aus der Sparte *Mystery and Crime* handelt, auch wenn der Titel demjenigen unbekannt ist.

Abbildung 10: Ein Buchcover von Penguin Books.

Im oberen Drittel befindet sich der Verlagsname Penguin Books, welcher in schwarzen Großbuchstaben mit Serifen, in einer Schriftgröße von 19 Punkt geschrieben ist. Der Verlagsname befindet sich in einer weißen abgerundeten Raute, die durch die wulstige schwarze Umrandung an den stilisierten Bauch eines Pinguins erinnert. Die Verwendung einer Schrift mit Serifen erinnert an die Albatross Bände.

Der Streifen in der Mitte des Buchs ist weiß. Er beinhaltet mit der Schriftfarbe schwarz den Titel des Werks, in Großbuchstaben und mit einer serifenlosen Schrift mit der Größe 23 Punkt. Darunter steht der Autorennamen, ebenfalls in serifenlosen Großbuchstaben. Der Titel des Werkes ist fetter gedruckt als der Autorenname. Auch hier gilt das Prinzip der Hervorhebung des Titels. An den Seiten des Streifens befinden sich im Querformat die Worte: Mystery and Crime. An der rechten Seite sind diese von unten nach oben geschrieben. Auf der anderen Seite, links, sind die Worte von oben nach unten geschrieben, in einer Schriftgröße von 17 Punkt. Somit werden die Sachgebiete nicht nur durch die Farben erkenntlich gemacht, sondern werden zusätzlich auf dem Buchcover erwähnt. Der untere grüne Streifen auf dem Cover beinhaltet lediglich das Verlagslogo. Bei dem Verlagslogo handelt es sich um einen Pinguin. Auf diesem Cover handelt es sich um einen stehenden Pinguin, der vom Betrachter aus, seinen Kopf nach links gedreht hat. Des Weiteren ist hier noch der Zusatz »complete unabridged« aufgedruckt, was angibt, um welche Ausgabe es sich handelt. In diesem Fall handelt es sich bei dem Buch *The Dangerfield Talisman* um eine komplett ungekürzte Ausgabe.

Das Verlagslogo variiert. Zwar handelt es sich weiterhin um einen Pinguin, doch ist dieser unterschiedlich dargestellt. Bei dem Buch The Shadow Syndicate von Richard Keverne befindet sich zum Beispiel auf dem Buchcover ein Pinguin, dessen Blick nach rechts gerichtet ist und der so aussieht, als ob er sich bewegt.

Die Rückseiten der Bücher variieren ebenfalls. Auf der Rückseite des Werks The Dangerfield Talisman befindet sich eine Liste mit weiteren Titeln aus dem Themengebiet *Mystery and Crime*, die im Verlag erschienen sind. Dies ähnelt den Tauchnitz Ausgaben. Auf der Rückseite des Buches *The Shadow Syndicate* befindet sich ein großes weißes Rechteck. In diesem Rechteck befinden sich biografische Angaben des Autors des Werks. Dies bildet einen Unterschied zu den Albatross Bänden, auf deren Rückseite lediglich das Verlagslogo gedruckt ist. Die innere Gestaltung ist ebenfalls sehr ähnlich. Der Fließtext ist mit einer Schrift mit Serifen in der Schriftgröße 10 Punkt verfasst und auch die Seitenzahlen besitzen die Schriftgröße 9 Punkt. Die Seitenzahl befindet sich in den gesichteten Werken mittig. Insgesamt ist das Layout der Bücher des Penguin Books Verlags, wie auch die des Albatross Verlags einfach und markant. Es wurde auf dekorative Elemente verzichtet und somit wurde der Fokus auf die Informationen, die sich auf dem Buchcover befinden, gelegt. Es steht zweifellos fest, dass gerade in der Gestaltung der Penguin Books eine große Gemeinsamkeit zu den Büchern von Albatross besteht. Der Penguin Verlag hatte somit den Albatross Verlag als Vorbild genutzt.

5 DER ERFOLG DER ALBATROSS BÜCHER

Die Bücher des Albatross Verlags haben zu ihrer Zeit durch Design und Farbigkeit Akzente auf dem Buchmarkt gesetzt. Wie bei allen Taschenbuchreihen war es zum einen möglich, dass sich auch Personen aus niedrigeren Einkommensschichten diese leisten konnten, zum anderen setzte man sich durch Form und Farbe von anderen Produkten auf dem Markt ab. Das Layout wurde damit auch zu einem Marketinginstrument.

Zwar gab es schon vor der Gründung des Albatross Verlags Taschenbücher, wie zum Beispiel die Bücher des Bernhard Tauchnitz Verlags, doch sind die Albatross Bände in ihrer Erscheinungsform zu ihrer Zeit die am modernsten gestalteten Taschenbücher gewesen. Die Gesamterscheinung der Albatross Bücher war das Besondere. Sie waren klein und handlich, wie ein Taschenbuch sein sollte, und passten sogar perfekt in eine Jackentasche. Des Weiteren war die Verwendung des Goldenen Schnitts in der Gestaltungsform eine Modernisierung, und aus der Sicht eines Buchhändlers gehört auch die ansprechende Ästhetik zu einem guten Buch. Denn in einem Buchladen muss das Produkt nicht durch seinen Inhalt, sondern zunächst durch seine äußere Erscheinungsform überzeugen. Dies ist nicht leicht, wenn günstige Bücher im Regal mit extravaganten Gestaltungsvarianten konkurrieren. Das Design der Albatross Books zeichnet sich durch einfache, klare Linien und Strukturen aus. Sie besitzen dadurch einen Wiedererkennungseffekt, der ebenfalls für einen Verlag werbewirksam ist. Die damals moderne, neuartige Gestaltung der Albatross Bücher war wegweisend für weitere Taschenbuchverlage. 1953 wurde im Penrose Annual, einem Magazin für grafische Darstellungen, ein Beitrag über Albatross veröffentlicht. Hans Schmoller, der Chefdesigner von Penguin Books, hat darin ausgeführt, dass die Albatross

Bücher, aus der Sicht des Designs, den Höhepunkt papiergebundener Bücher bilden würden.[100] Eine Beurteilung, die zeigt, dass die Albatross Bücher auch mit ihrem darstellerischen Konzept Vorreiter des modernen Taschenbuchs und Vorbild für andere Verlage waren, wie zum Beispiel für den Penguin Books Verlag.

1952 wurde Christian Wegner in einem Zeitungsartikel als der Mann bezeichnet, der den Anstoß für die Entwicklung des Buchmarkts, bei dem die günstigen Buchreihen einen wichtigen Anteil beitrugen, gegeben habe.[101] Auch diese Wertung zeigt, dass das Konzept und die gesamte Idee des Albatross Verlags beispielgebend und wichtig waren.

Dass der Albatross Verlag nicht weitergeführt wurde, war vermutlich den äußeren Umständen der damaligen Zeit geschuldet.

Im Gegensatz zum Albatross Verlag wurde der Penguin Books Verlag schnell erweitert und so zu einem großen Konkurrenten. Der Albatross Verlag konnte damit vermutlich nicht Schritt halten.

Vergleicht man die heute noch existierenden Verlage, die Taschenbuchreihen herausgeben, mit dem Albatross Verlag, ist zu erkennen, dass das Konzept durchaus übernommen und weiterentwickelt wird.

Der Erfolg eines Unternehmens drückt sich nicht nur in Umsatzzahlen aus, sondern zeigt sich auch darin, ob es Nachahmer für die eigene Geschäftsidee gibt. Das ist im Bezug auf den Albatross Verlag zweifellos zu bejahen, wie das Beispiel der Penguin Books zeigt. Die Gründer des Verlags hatten das Ziel modern gestaltete Bücher zu einem erschwinglichen Preis zu produzieren. Dieses Ziel wurde erreicht, was als Erfolg gewertet werden kann. Es war das Zusammenspiel zwischen Format, Gestaltung, Inhalt und Preis, das die Albatross Bücher so besonders machte, sodass er gar als Vorbild für andere Verlage diente.

Insgesamt zeigt dies, dass der Albatross Verlag für den damaligen Taschenbuchmarkt eine besondere und wegweisende Institution war und aufgrund der eingeführten Neuerungen auch als Pionier des modernen Taschenbuchs gelten kann.

100 Vgl. Albatross. In: Tauchnitz Edition Website.

101 Vgl. Wegner: Des Rätsels Lösung: Taschenbücher.

6 ALBATROSS BOOKS - ZUSAMMENFASSUNG

Der Albatross Verlag hat in der buchwissenschaftlichen Forschung bisher kaum Beachtung gefunden. In der vorliegenden Bachelorarbeit »Albatross Books – ein Pionier des modernen Taschenbuchs« wird aufgezeigt, dass der Verlag The Albatross, welcher 1932 sein erstes Taschenbuch veröffentlichte, durchaus zu den Pionieren des modernen Taschenbuchs gezählt werden kann. Dies wird verdeutlicht durch die Betrachtung der wesentlichen Kennzeichen des Verlags. Dazu zählt die Gestaltung der Bücher, die sich in Form und Farbe von anderen Druckwerken abheben. Um die Besonderheit dieser Bücher zu erkennen, wird deren Layout analysiert und mit anderen Verlagen der Zeit verglichen. Für diesen Vergleich werden hier die Verlage Penguin Books und Bernhard Tauchnitz Verlag herangezogen, die unweigerlich mit der Geschichte des Albatross Verlags verbunden sind. Zu den Vätern des Erfolgs können neben dem Firmenmitgründer Christian Wegner auch Kurt Enoch und der Typograf Hans Mardersteig gezählt werden. Die Zahl und der Erfolg der Verlage, die dieses Konzept nachahmten, bestätigen die Geschäftsidee. Im Gegensatz zu der Definition im Lexikon *wissen.de* wird damit deutlich, dass das moderne Taschenbuch schon vor dem Zweiten Weltkrieg seinen Siegeszug auf dem Buchmarkt angetreten hat. Mitentscheidend für den Erfolg war das Verlagsprogramm mit authentischer Literatur bekannter Autoren in einer Zeit, in der der deutsche Buchmarkt zunehmend den politischen und ideologischen Regeln und der kulturellen Gleichschaltung eines skrupellosen Systems unterworfen wurde. Deutlich wird in der Arbeit auch, dass in Bezug von Format und Farbe der Albatross Verlag Alleinstellungsmerkmale vorwies. Zudem gab es gestalterische Parallelen zur zeitgenössischen Kunst, und schon bevor es internationale Copyright-Vereinbarungen gab, arbeitete der Verlag mit Autorenhonoraren für den Nachdruck und Lizenzen. Ergänzt wird die Arbeit durch eine erstmals erstellte Bibliografie des Verlags. Diese wurde aus den Katalogen der deutschen Nationalbibliothek sowie des heBIS Verbundkatalogs erschlossen, ohne Anspruch auf Vollständigkeit. Darin sind 474 Titel aufgeführt. Darunter befinden sich 344 Titel aus der Reihe *The Albatross Modern Continental Library*, 108 Werke der Reihe *The Albatross Crime Club* und aus der Reihe *The Albatross Mystery Club* 22 Bücher. Diese wurden ihrer Reihennummer entsprechend aufgelistet.

LITERATURVERZEICHNIS

Quellen

Gedruckte Quellen

Baines, Phil: Penguin by design: a Cover Story, 1935–2005. London [u.a.]: Allen Lane Penguin Books 2005.

Benson, Stella: Mundos: an unfinished Novel (Tauchnitz Edition 5229). Leipzig: Tauchnitz 1936.

British Library [Hrsg.]: Tauchnitz-Edition. (Patrimonia 47). London: British Library [u.a.] 1992.

Bürger, Karin [Hrsg.]: Soncino-Gesellschaft der Freunde des jüdischen Buches: ein Beitrag zur Kulturgeschichte (Europäisch-jüdische Studien: Beiträge 17). Berlin [u.a.]: De Gruyter 2014.

Connington, J. J.: The Dangerfield Talisman (Penguin Books 159). Harmondsworth [u.a.]: Penguin Books 1938.

Corsten, Severin [Hrsg.]: Lexikon des gesamten Buchwesens Band 7. Schuhe bauen – Uzès. Stuttgart: Hiersemann 2007.

Drews, Jörg [Hrsg.]: »Macht unsre Bücher billiger!«: die Anfänge des deutschen Taschenbuchs 1946 bis 1963 (Veröffentlichungen der Eutiner Landesbibliothek 3). Bremen: Ed. Temmen 1994.

Du Maurier, Daphne: I`ll Never be Young Again (Tauchnitz Edition 5073). Leipzig: Tauchnitz 1932.

Friedrich, Heinz: Das Taschenbuch Lexikon: über 150 Stichworte rund ums Taschenbuch. 1. Aufl. Frankfurt am Main: Verl. der Buchhändler-Vereinigung 1998.

Hilpert, Thilo: Century of Modernity: Architektur und Städtebau. Essays und Texte. Berlin: Springer Vieweg 2015.

Jäckh, Werner: Festschrift zum 125 jährigen Bestehen der Firma Bernhard Tauchnitz Verlag 1837–1962. Stuttgart: Tauchnitz 1962.

Sassoon, Siegfried: Memoirs of a Fox-Hunting Man. (Tauchnitz Edition 4975). Leipzig: Tauchnitz 1931.

The Albatross Modern Continental Library. Leipzig: Albatross 1-x(1932–1950). Siehe dazu die Bibliografie des Verlags im Anhang.

The Albatross Crime Club. Leipzig; Paris; Bologna: Albatross 101-x(1933–1939). Siehe dazu die Bibliografie des Verlags im Anhang.

The Albatross Mystery Club. Leipzig; Paris; Bologna: Albatross 401-x(1937–1939). Siehe dazu die Bibliografie des Verlags im Anhang.

Williams, William Emrys: The Penguin Story: 1935–1956. Harmondsworth: Penguin Books 1956.

Internetquellen

Albatross. In: Paperbackrevolution. https://paperbackrevolution.wordpress.com/albatross/ [23.05.2015].

Albatross. In: Tauchnitz Editions Website. http://tauchnitzeditions.com/albatross.htm [02.05.2015].

Jaeger, Roland: Kurt Enoch. In: Das jüdische Hamburg Website. http://dasjuedischehamburg.de/inhalt/enoch-kurt [09.06.2015].

Konkrete Kunst. In: BeyArs.com, elektronischer Volltext des großen Kunstlexikons Hrsg. von Peter W. Hartmann. http://www.beyars.com/kunstlexikon/lexikon_4979.html [26.10.2015].

Schmidt, Robert: Die Paperback-Revolution. Handlich günstig, leicht: Das Paperback. In: Fluter vom 03.05.2014. http://www.fluter.de/de/134/literatur/12879/ [11.05.2015].

Sozialgesetzbuch (SGB) Sechstes Buch (VI) - Gesetzliche Rentenversicherung - (Artikel 1 des Gesetzes v. 18. Dezember 1989, BGBl. I S. 2261, 1990 I S. 1337) Anlage 1 Durchschnittsentgelt in Euro/DM/RM In: Gesetze im Internet. http://www.gesetze-im-internet.de/sgb_6/anlage_1.html [07.06.2015].

Statistisches Jahrbuch der Stadt Nürnberg 1932. In: Stadtforschung und Statistik für Nürnberg und Fürth. http://www.nuernberg.de/imperia/md/statistik/dokumente/veroeffentlichungen/tabellenwerke/jahrbuch/1909_1940/jahrbuch_1932.pdf S.49. [07.06.2015].

Tauchnitz. In: Die Paperbackrevolution. https://paperbackrevolution.wordpress.com/tauchnitz/ [23.05.2015].

Tauchnitz Editions. In: AbeBooks Website. http://www.abebooks.co.uk/books/RareBooks/publisher-paperbacks-literature-classics/tauchnitz.shtml [03.06.2015].

Trunz, Erich: Christian Wegner. In: Die Zeit-Online. 22.01.1965. http://www.zeit.de/1965/04/christian-wegner/komplettansicht [28.04.2015].

Wegner, Christian: Des Rätsels Lösung Taschenbücher. In: Die Zeit-Online. 23.10.1952. http://www.zeit.de/1952/43/des-raetsels-loesung-taschenbuecher [28.04.2015].

Forschungsliteratur

Bhaskar, Michael: The Content Machine: Towards a Theory of Publishing from the Printing Press to the digital Network (Anthem scholarship in the digital age; Anthem publishing studies). London: Anthem Press 2013.

Dahm, Volker: Das jüdische Buch im Dritten Reich. 2., überarb. Aufl. München: Beck 1993.

Hiller, Helmut/Füssel, Stephan: Wörterbuch des Buches. 7. grundlegend überarb. Aufl. Frankfurt am Main: Klostermann 2006.

Leonhardt, Claudia: Das Taschenbuch – seine Stellung und sein Einfluss im deutschen Buchmarkt. Würzburg: Univ., Diss., 1982. Aus: Börsenblatt für den Deutschen Buchhandel. 1985, Nr. 77, S. 1947–2048.

Meyer-Dohm, Peter [Hrsg.]: Handbuch des Buchhandels in vier Bänden. Band 2 Verlagsbuchhandel. Hamburg: Verl. für Buchmarkt-Forschung 1975.

Saur, Klaus Gerhard [Hrsg.]: Verlage im »Dritten Reich« (Zeitschrift für Bibliothekswesen und Bibliographie: Sonderbände 109). Frankfurt am Main am Main: Klostermann 2013.

Völker, Daniela: Das Buch für die Massen: Taschenbücher und ihre Verlage (Innsbrucker Studien zu Literatur und Film der Gegenwart 9). Marburg: Tectum-Verlag 2014.

ANHANG

Bibliografie

Die folgende Bibliografie der erschienenen Werke im Albatross Verlag folgt den Katalogen der deutschen Nationalbibliothek, sowie des hessischen Bibliotheksinformationssystems. Aufgrund dessen ist kein Anspruch auf Vollständigkeit zu erheben. Es wird zunächst der Autor, dann der Titel und der Reihentitel genannt. Da die Angaben des Erscheinungsorts variieren, ist dieser ebenfalls aufgeführt. Nach diesem wird das Erscheinungsjahr genannt und abschließend die Seitenzahl. Da die Bücher alle im Format Klein-Oktav produziert wurden, wird das Format nicht bei den einzelnen Titeln erwähnt. Ist ein Titel mit unterschiedlichen Erscheinungsjahren gefunden worden, ist dieser unterhalb des vorherigen Fundes als neuere Auflage mit den variierten Angaben aufgelistet. Die Auflistung erfolgt nach Reihennummern.

1 Joyce, James: Dubliners (The Albatross Modern Continental Library Vol. 1). Hamburg [usw.]: The Albatross; [Hamburg]: [O. Enoch] 1932, 254 S.

2 Huxley, Aldous: The Gioconda Smile and other Stories (The Albatross Modern Continental Library Vol. 2). Hamburg [usw.]: The Albatross; [Hamburg]: [O. Enoch] 1932, 244 S.

3 Lewis, Sinclair: Mantrap (The Albatross Modern Continental Library Vol. 3). Hamburg [usw.]: The Albatross; [Hamburg]: [O. Enoch] 1932, 249 S.

4 Deeping, Warwick: The Bridge of Desire (The Albatross Modern Continental Library Vol. 4). Hamburg [usw.]: The Albatross; [Hamburg]: [O. Enoch] 1932, 273 S.

5 Walpole, Hugh: Rogue Herries (The Albatross Modern Continental Library Vol. 5). Hamburg [usw.]: The Albatross; [Hamburg]: [O. Enoch] 1932, 515 S.

6 Crawshay-Williams, Eliot: Night in the Hotel (The Albatross Modern Continental Library Vol. 6). Hamburg [usw.]: The Albatross; [Hamburg]: [O. Enoch] 1932, 272 S.

7 Woolf, Virginia: To the Lighthouse (The Albatross Modern Continental Library Vol. 7). Hamburg [usw.]: The Albatross; [Hamburg]: [O. Enoch] 1932, 241 S. Neuere Auflage: London; Paris: The Albatross 1948.

8 Milne, Alan A.: Two People (The Albatross Modern Continental Library Vol. 8). Hamburg [usw.]: The Albatross; [Hamburg]: [O. Enoch] 1932, 302 S.

9 Wallace, Edgar: The Man at the Carlton (The Albatross Modern Continental Library Vol. 9). Hamburg [usw.]: The Albatross; [Hamburg]: [O. Enoch] 1932, 247 S.

10 Lewis, Sinclair: Dodsworth (The Albatross Modern Continental Library Vol. 10). Hamburg [usw.]: The Albatross; [Hamburg]: [O. Enoch] 1932, 414 S.

11 Barnes, Ronald Gorell: Gauntlet (The Albatross Modern Continental Library Vol. 11). Hamburg [usw.]: The Albatross; [Hamburg]: [O. Enoch] 1932, 250 S.

12 Mackenzie, Compton: Buttercups and Daisies (The Albatross Modern Continental Library Vol. 12). Hamburg [usw.]: The Albatross; [Hamburg]: [O. Enoch] 1932, 280 S.

13 Hergersheimer, Joseph: The Limestone Tree (The Albatross Modern Continental Library Vol. 13). Hamburg [usw.]: The Albatross; [Hamburg]: [E. Enoch] 1932, 292 S.

14 Lewisohn, Ludwig: The golden Vase (The Albatross Modern Continental Library Vol. 14). Hamburg [usw.]: The Albatross; [Hamburg]: [O. Enoch] 1932, 259 S.

15 Seabrook, William: The Magic Island (The Albatross Modern Continental Library Vol. 15). Hamburg [usw.]: The Albatross; [Hamburg]: [O. Enoch] 1932, 252 S.

16 Strong, Leonard A. G.: The Brothers (The Albatross Modern Continental Library Vol. 16). Hamburg [usw.]: The Albatross; [Hamburg]: [O. Enoch] 1932, 232 S.

17 Norris, Kathleen Thompson: The Love of Julie Borel (The Albatross Modern Continental Library Vol. 17). Hamburg [usw.]: The Albatross; [Hamburg]: [O. Enoch] 1932, 296 S.

18 Van Dine, S. S.: The Bishop Murder Case (The Albatross Modern Continental Library Vol. 18). Hamburg [usw.]: The Albatros; [Hamburg]: [O. Enoch] 1932, 274 S.

19 Glaspell, Susan: Ambrose Holt and Family (The Albatross Modern Continental Library Vol. 19). Hamburg [usw.]: The Albatross; [Hamburg]: [O. Enoch] 1932, 248 S.

20 Hammett, Dashiell: The Maltese Falcon (The Albatross Modern Continental Library Vol. 20). Hamburg [usw.]: The Albatross; [Hamburg]: [O. Enoch] 1932, 244 S.

21 Bloomfield, Paul; Bloomfield, Millicent: The Traveller's Companion: A Travel Anthology (The Albatross Modern Continental Library Vol. 21). Hamburg [usw.]: The Albatross; [Hamburg]: [O. Enoch] 1932, 252 S.

22 Mansfield, Katherine: The Garden-Party and other Stories (The Albatross Modern Continental Library Vol. 22). Hamburg [usw.]: The Albatross; [Hamburg]: [O. Enoch] 1932, 251 S.

23 De Kruif, Paul: Microbe Hunters (The Albatross Modern Continental Library Vol. 23). Hamburg [usw.]: The Albatross; [Hamburg]: [O. Enoch] 1932, 287 S.

24 Huxley, Aldous: Antic Hay (The Albatross Modern Continental Library Vol. 24). Hamburg [usw.]: The Albatross; [Hamburg]: [O. Enoch] 1932, 271 S.

25 Ostenso, Martha: The Waters under the Earth (The Albatross Modern Continental Library Vol. 25). Hamburg [usw.]: The Albatross; [Hamburg]: [O. Enoch] 1932, 254 S.

26 Lehmann, Rosamond: Dusty Answer (The Albatross Modern Continental Library Vol. 26). Hamburg [usw.]: The Albatross; [Hamburg]: [O. Enoch] 1932, 317 S.

27 Queen, Ellery: The Tragedy of X, a Drury Lane Mystery (The Albatross Modern Continental Library Vol. 27). Hamburg [usw.]: The Albatross; [Hamburg]: [O. Enoch] 1932, 307 S.

28 Bromfield, Louis: A modern Hero (The Albatross Modern Continental Library Vol. 28). Hamburg [usw.]: The Albatross; [Hamburg]: [O. Enoch] 1932, 409 S.

29 Wilder, Thornton: The Bridge of San Luis Rey (The Albatross Modern Continental Library Vol. 29). Hamburg [usw.]: The Albatross; [Hamburg]: [O. Enoch] 1932, 177 S.

30 Belloc, Hilaire: Richelieu (The Albatross Modern Continental Library Vol. 30). Hamburg [usw.]: The Albatross; [Hamburg]: [O. Enoch] 1932, 285 S.

31 Lawrence, David H./Aldington, Richard [Einf.]: Apocalypse (The Albatross Modern Continental Library Vol. 31). Hamburg [usw.]: The Albatross; [Hamburg]: [O. Enoch] 1932, 221 S.

32 Lawrence, David H.: The white Peacock (The Albatross Modern Continental Library Vol. 32). Hamburg [usw.]: The Albatross; [Hamburg]: [O. Enoch] 1932, 351 S.

33 Conrad, Joseph: The Arrow of Gold: A Story between two Notes (The Albatross Modern Continental Library Vol. 33). Hamburg [usw.]: The Albatross; [Hamburg]: [Enoch] 1932, 288 S.

34 Stong, Philip Duffield: State Fair (The Albatross Modern Continental Library Vol. 34). Hamburg [usw.]: The Albatross; [Hamburg]: [O. Enoch] 1932, 260 S.

35 Kitchin, Clifford Henry Benn: The Sensitive One (The Albatross Modern Continental Library Vol. 35). Hamburg [usw.]: The Albatross; [Hamburg]: [O. Enoch] 1932, 182 S.

36 Harris, Frank/Shaw, Bernard: Bernard Shaw: An unauthorized Biography based on first hand Information (The Albatross Modern Continental Library Vol. 36). Hamburg [usw.]: The Albatross; [Hamburg]: [O. Enoch] 1932, 317 S.

37 Golding, Louis: Magnolia Street (The Albatross Modern Continental Library Vol. 37). Hamburg [usw.]: The Albatross; [Hamburg]: [O. Enoch] 1932, 472 S.

38 Queen, Ellery: The Greek Coffin Mystery: A Problem in Deduction (The Albatross Modern Continental Library Vol. 38). Hamburg [usw.]: The Albatross; [Hamburg]: [O. Enoch] 1932, 317 S.

39 Lewis, Sinclair: Free Air (The Albatross Modern Continental Library Vol. 39). Hamburg [usw.]: The Albatross; [Hamburg]: [O. Enoch] 1932, 284 S.

40 Arlen, Michael: Young Men in love (The Albatross Modern Continental Library Vol. 40). Hamburg [usw.]: The Albatross; [Hamburg]: [O. Enoch] 1932, 270 S.

41 Walpole, Hugh: Judith Paris (The Albatross Modern Continental Library Vol. 41). Hamburg [usw.]: The Albatross; [Hamburg]: [O. Enoch] 1932, 509 S.

42 Worsley-Gough, Barbara: Public Affaires (The Albatross Modern Continental Library Vol. 42). Hamburg [usw.]: The Albatross; [Hamburg]: [O. Enoch]. 1932, 265 S.

43 De Kruif, Paul: Men against Death (The Albatross Modern Continental Library Vol. 45). Hamburg [usw.]: The Albatross; [Hamburg]: [O. Enoch]. 1932, 313 S.

44 Fraser, Ronald: Marriage in Heaven (The Albatross Modern Continental Library Vol. 46). Hamburg [usw.]: The Albatross; [Hamburg]: [O. Enoch] 1932, 240 S.

45 Huxley, Aldous: Brave new World : A Novel (The Albatross Modern Continental Library Vol. 47). Hamburg [usw.]: The Albatross 1933, 257 S.

46 Cox, Anthony Berkeley: Before the Fact : A Murder Story for Ladies (The Albatross Modern Continental Library Vol. 48). Hamburg [usw.]: The Albatross 1933, 278 S.

47 Stern, Gladys B.: Little red Horses (The Albatross Modern Continental Library Vol. 50). Hamburg [usw.]: The Albatross 1933, 509 S.

48 Biggers, Earl Derr: Charlie Chan carries on (The Albatross Modern Continental Library Vol. 51). Hamburg [usw.]: The Albatross 1933, 285 S.

49 Mansfield, Katherine/Murry, J. Middleton: Journal (The Albatross Modern Continental Library Vol. 52). Hamburg [usw.]: The Albatross 1933, 273 S.

50 O´Flaherty, Liam: Skerrett (The Albatross Modern Continental Library Vol. 53). Hamburg [usw.]: The Albatross 1933, 245 S.

51 Duguid, Julian: Tiger-Man: An Odyssee of Freedom (The Albatross Modern Continental Library Vol. 54). Hamburg [usw.]: The Albatross 1933, 260 S.

52 Untermeyer, Louis: The Albatross Book of living verse: English and American Poetry from the 13. Century to the present Day (The Albatross Modern Continental Library Vol. 55). Hamburg [usw.]: The Albatross 1933, 647 S.

53 Lawrence, David H.: Lady Chatterley's Lover (The Albatross Modern Continental Library Vol. 56). Hamburg [usw.]: The Odyssey Press; Hamburg: [The Albatross] 1933, 359 S.

54 Morgan, Charles: The Fountain (The Albatross Modern Continental Library Vol. 57). Hamburg [usw.]: The Albatross 1933, 376 S.

55 Bromfield, Louis: The strange Case of Miss Annie Spragg (The Albatross Modern Continental Library Vol. 58). Hamburg [usw.]: The Albatross 1933, 276 S.

56 Waugh, Evelyn: Black Mischief (The Albatross Modern Continental Library Vol 59). Hamburg [usw.]: The Albatross; [Hamburg]: [O. Enoch] 1933, 234 S.

57 Lawrence, David H.: The Virgin and the Gipsy (The Albatross Modern Continental Library Vol. 60). Hamburg [usw.]: The Albatross; [Hamburg]: [O. Enoch] 1933, 202 S.
58 Deeping, Warwick: The Road (The Albatross Modern Continental Library Vol. 61). Hamburg [usw.]: The Albatross 1933, 315 S.
59 Armstrong, Martin Donisthorpe: Lover's Leap: A Story in 3 Voices (The Albatross Modern Continental Library Vol. 62). Hamburg [usw.]: The Albatross 1933, 189 S.
60 Postgate, Raymond William: No Epitaph (The Albatross Modern Continental Library Vol. 63). Hamburg [usw.]: The Albatross; [Hamburg]: [O. Enoch] 1933, 257 S.
61 Huxley, Aldous: Crome Yellow (The Albatross Modern Continental Library Vol. 64). Hamburg [usw.]: The Albatross; [Hamburg]: [O. Enoch] 1933, 181 S.
62 Woolf, Virginia: The Waves (The Albatross Modern Continental Library Vol. 65). Hamburg [usw.]: The Albatross 1933, 269 S. Neuere Auflage: Rome: The Albatross 1949, 270 S.
63 Macaulay, Rose: They were defeated (The Albatross Modern Continental Library Vol. 66). Hamburg [usw.]: The Albatross 1933, 322 S.
64 Dryden, Bridget: Whither I must (The Albatross Modern Continental Library Vol. 67). Hamburg [usw.]: The Albatross 1933, 189 S.
65 O'Neill, Eugene: Strange Interlude : A Play (The Albatross Modern Continental Library Vol. 68). Hamburg [usw.]: The Albatross 1933, 305 S.
66 Belloc, Hilaire: Napoleon (The Albatross Modern Continental Library Vol. 69). Hamburg [usw.]: The Albatross 1933, 454 S.
67 Queen, Ellery: The Tragedy of Y.: A Drury Lane Mystery (The Albatross Modern Continental Library Vol. 70). Hamburg [usw.]: The Albatross 1933, 300 S.
68 Golding, Louis: The Miracle Boy (The Albatross Modern Continental Library Vol. 71). Hamburg [usw.]: The Albatross 1933, 277 S.
69 Joseph, Michael: Cat's Company (The Albatross Modern Continental Library Vol. 72). Hamburg [usw.]: The Albatross 1933, 187 S.
70 Queen, Ellery: The Egyptian Cross Mystery: A Problem in Deduction (The Albatross Modern Continental Library Vol. 73). Hamburg [usw.]: The Albatross 1933, 315 S.

71 Lewis, Sinclair: The Trail of the Hawk: A Comedy of the Seriousness of Life (The Albatross Modern Continental Library Vol. 74). Hamburg [usw.]: The Albatross 1933, 428 S.
72 Steen, Marguerite: Stallion (The Albatross Modern Continental Library Vol. 75). Hamburg [usw.]: The Albatross 1933, 258 S.
73 Royde-Smith, Naomi: The Bridge (The Albatross Modern Continental Library Vol. 76). Hamburg [usw.]: The Albatross 1933, 276 S.
74 Craig, A. R.: When Adam wept (The Albatross Modern Continental Library Vol. 77). Hamburg [usw.]: The Albatross 1933, 274 S.
75 Wharton, Edith: Human Nature (The Albatross Modern Continental Library Vol. 78). Hamburg [usw.]: The Albatross 1933, 243 S.
76 Lloyd-Jones, Charles: Laughter in Heaven (The Albatross Modern Continental Library Vol. 79). Hamburg [usw.]: The Albatross 1933, 276 S.
77 Erskine, John: The private Life of Helen of Troy (The Albatross Modern Continental Library Vol. 80). Hamburg [usw.]: The Albatross 1933, 259 S.
78 Grahame, Kenneth: The Wind in the Willows (The Albatross Modern Continental Library Vol. 81). Hamburg [usw.]: The Albatross 1933, 275 S.
79 Lawrence, David H.: The plumed Serpent (The Albatross Modern Continental Library Vol. 82). Hamburg [usw.]: The Albatross 1933, 473 S.
80 Carlisle, Helen Grace: Mothers Cry (The Albatross Modern Continental Library Vol. 83). Hamburg [usw.]: The Albatross 1933, 241 S.
81 Douglas, Lloyd Cassel: Magnificent Obsession (The Albatross Modern Continental Library Vol. 84). Hamburg [usw.]: The Albatross 1933, 280 S.
82 Waugh, Alec: Wheels within Wheels: A Story of the Crisis (The Albatross Modern Continental Library Vol. 85). Hamburg [usw.]: The Albatross 1933, 245 S.
83 Munthe, Axel: The Story of San Michele (The Albatross Modern Continental Library Vol. 86). Hamburg [usw.]: The Albatross 1933, 398 S.
84 Huxley, Aldous: Uncle Spencer and other Stories (The Albatross Modern Continental Library Vol. 87). Hamburg [usw.]: The Albatross 1933, 274 S.
85 Croft-Cooke, Rupert: Cosmopolis (The Albatross Modern Continental Library Vol. 88). Hamburg [usw.]: The Albatross 1933, 280 S.
86 Linklater, Eric: Juan in America (The Albatross Modern Continental Library Vol. 89). Hamburg [usw.]: The Albatross 1933, 409 S.

87 Alington, Argentine Francis: Gentlemen – the Regiment (The Albatross Modern Continental Library Vol. 90). Hamburg [usw.]: The Albatross 1933, 310 S.
88 Cambridge, Elizabeth: Hostages to Fortune (The Albatross Modern Continental Library Vol. 91). Hamburg [usw.]: The Albatross 1934, 279 S.
89 Walpole, Hugh: The Fortress (The Albatross Modern Continental Library Vol. 92). Hamburg [usw.]: The Albatross 1933, 504 S.
90 Lewis, Sinclair: Ann Vickers (The Albatross Modern Continental Library Vol. 93). Hamburg [usw.]: The Albatross 1934, 389 S.
91 Baring, Maurice: C (The Albatross Modern Continental Library Vol. 94). Hamburg [usw.]: The Albatross 1934, 468 S.
92 Macdonell, Archibald G.: England, their England (The Albatross Modern Continental Library Vol. 95). Hamburg [usw.]: The Albatross 1934, 283 S.
93 Forster, Edward M.: A Passage to India (The Albatross Modern Contintental Library Vol. 96). Hamburg [usw.]: The Albatross 1934, 298 S.
94 Lawrence, David H.: The lovely Lady (The Albatross Modern Continental Library Vol. 97). Hamburg [usw.]: The Albatross 1934, 184 S.
95 Lawrence, David H.: The Trespasser (The Albatross Modern Continental Library Vol. 98). Hamburg [usw.]: The Albatross 1934, 248 S.
96 Waln, Nora: The House of Exile (The Albatross Modern Continental Library Vol. 99). Hamburg [usw.]: The Albatross 1934, 276 S.
97 Armstrong, Martin Donisthorpe: The Albatross Book of short Stories : first English Series (The Albatross Modern Continental Library Vol. 100). Hamburg [usw.]: The Albatross 1934, 427 S.
98 MacDonald, Philip: Death on my left (The Albatross Continental Crime Club Library Vol. 101). Hamburg [usw.]: The Albatross; [Hamburg]: [O. Enoch] 1933, 254 S.
99 Footner, Hulbert: The Ring of Eyes (The Albatross Continental Crime Club Library Vol. 102). Hamburg [usw.]: The Albatross; [Hamburg]: [O. Enoch] 1933, 252 S.
100 Crofts, Freeman Wills: Death on the Way (The Albatross Continental Crime Club Library Vol. 103). Hamburg [usw.]: The Albatross; [Hamburg]: [O. Enoch] 1933, 285 S.

101 Campbell, Alice: The Murder of Caroline Bundy (The Albatross Continental Crime Club Library Vol. 104). Hamburg [usw.]: The Albatross; [Hamburg]: [O. Enoch] 1933, 320 S.
102 Street, Cecil J. C.: The Motor Rally Mystery (The Albatross Continental Crime Club Library Vol. 105). Hamburg [usw.]: The Albatross; [Hamburg]: [O. Enoch] 1933, 252 S.
103 Cole, George D. H./Cole, Margaret: Death of a Star (The Albatross Continental Crime Club Library Vol. 106). Hamburg [usw.]: The Albatross; [Hamburg]: [O. Enoch] 1933, 252 S.
104 Porlock, Martin: X. v. Rex (The Albatross Crime Club Vol. 107). Hamburg [usw.]: The Albatross 1933, 254 S.
105 Oursler, Fulton: The Murder of the Circus Queen (The Albatross Continental Crime Club Library Vol. 108). Hamburg [usw.]: The Albatross 1933, 251 S.
106 MacDonald, Philip: R. I. P. (The Albatross Crime Club Vol. 109). Hamburg [usw.]: The Albatross 1933, 251 S.
107 Markham, Virgil: Inspector Rusby's Finale (The Albatross Continental Crime Club Library Vol. 110). Hamburg [usw.]: The Albatross 1933, 286 S.
108 Mavity, Nancy Barr: The Fate of Jane McKenzie (The Albatross Crime Club Vol. 111). Hamburg [usw.]: The Albatross 1933, 252 S.
109 Farjeon, Joseph Jefferson: The Mystery of the Creek (The Albatross Continental Crime Club Library Vol. 112). Hamburg [usw.]: The Albatross 1933, 252 S.
110 Gilbert, Anthony: Death in Fancy Dress (The Albatross Continental Crime Club Library Vol. 113). Hamburg [usw.]: The Albatross 1933, 252 S.
111 Street, Cecil J. C.: The Claverton Mystery (The Albatross Continental Crime Club Library Vol. 114). Hamburg [usw.]: The Albatross 1933, 252 S.
112 Christie, Agatha: Lord Edgware dies (The Albatross Continental Crime Club Library Vol. 115). Hamburg [usw.]: The Albatross 1933, 252 S.
113 East, Roger: Murder Rehearsal (The Albatross Continental Crime Club Library Vol. 116). Hamburg [usw.]: The Albatross 1933, 254 S.
114 Ferguson, John Alexander: Night im Glengyle (The Albatross Continental Crime Club Library Vol. 117). Hamburg [usw.]: The Albatross 1933, 251 S.

115 Child, Nellise: Murder comes Home (The Albatross Continental Crime Club Library Vol. 118). Hamburg [usw.]: The Albatross 1933, 284 S.

116 Farjeon, Joseph Jefferson: Dead man's Heath (The Albatross Continental Crime Club Library Vol. 119). Hamburg [usw.]: The Albatross 1933, 252 S.

117 Ward, Colin: House Party Murder (The Albatross Continental Crime Club Library Vol. 120). Hamburg [usw.]: The Albatross 1933, 284 S.

118 Christie, Agatha: Murder on the Orient Express (The Albatross Continental Crime Club Library Vol. 121). Hamburg [usw.]: The Albatross 1934, 254 S.

119 Street, Cecil J. C.: The Robthorne Mystery (The Albatross Continental Crime Club Library Vol. 122). Hamburg [usw.]: The Albatross 1934, 252 S.

120 Cole, George D. H./Cole, Margaret: End of an ancient Mariner (The Albatross Continental Crime Club Library Vol. 123). Hamburg [usw.]: The Albatross 1934, 252 S.

121 Strange, John Stephen: The Chinese Jar Mystery (The Albatross Continental Crime Club Library Vol. 124). Hamburg [usw.]: The Albatross 1934, 254 S.

122 Footner, Hulbert: Murder runs in the Family (The Albatross Continental Crime Club Library Vol. 125). Hamburg [usw.]: The Albatross 1934, 252 S.

123 King, Charles Daly: Obelists en Route (The Albatross Continental Crime Club Library Vol. 126). Hamburg [usw.]: The Albatross 1934, 315 S.

124 Farjeon, Joseph Jefferson: The Windmill Mystery (The Albatross Continental Crime Club Library Vol. 127). Hamburg [usw.]: The Albatross 1934, 252 S.

125 Campbell, Alice: Desire to kill (The Albatross Continental Crime Club Library Vol. 129). Hamburg [usw.]: The Albatross 1934, 316 S.

126 East, Roger: The Bell is answered (The Albatross Continental Crime Club Library Vol 130). Hamburg [usw.]: The Albatross 1934, 252 S.

127 Blochman, Lawrence G.: Bombay Mail (The Albatross Continental Crime Club Library Vol. 131). Hamburg [usw.]: The Albatross 1934, 254 S.

128 Footner, Hulbert: Dangerous Cargo (The Albatross Crime Club Vol. 132). Hamburg [usw.]: The Albatross 1934, 252 S.

129 Christie, Agatha: Why didn't they ask Evans? (The Albatross Continental Crime Club Library Vol. 133). Hamburg [usw.]: The Albatross 1934, 252 S.

130 Gilbert, Anthony: The Man in Button Boots (The Albatross Continental Crime Club Library Vol. 134). Hamburg [usw.]: The Albatross 1935, 284 S.

131 Ferguson, John Alexander: The Grouse Moor Mystery (The Albatross Continental Crime Club Library Vol. 135). Hamburg [usw.]: The Albatross 1935, 255 S.

132 Street, Cecil J. C.: Shot at dawn (The Albatross Crime Club Vol. 136). Hamburg [usw.]: The Albatross 1935, 251 S.

133 Cole, George D. H./Cole, Margaret: Big Business Murder (The Albatross Crime Club Vol. 137). Hamburg [usw.]: The Albatross 1935, 252 S.

134 Christie, Agatha: Parker Pyne investigates (The Albatross Crime Club Vol. 138). Hamburg [usw.]: The Albatross 1935, 248 S.

135 Child, Nellise: The Diamond Ransom Murders (The Albatross Crime Club Vol. 139). Hamburg [usw.]: The Albatross 1935, 283 S.

136 Christie, Agatha: Three Act Tragedy (The Albatross Crime-Club Vol. 140). Hamburg [usw.]: The Albatross 1935, 252 S.

137 King, Charles Daly: Obelists fly high (The Albatross Crime Club Vol. 141). Hamburg [usw.]: The Albatross 1935, 284 S.

138 Day Lewis, Cecil: A Question of proof (The Albatross Crime Club Vol. 142). Hamburg [usw.]: The Albatross 1935, 286 S.

139 Strange, John Stephen: For the Hangman (The Albatross Crime Club Vol. 143). Hamburg [usw.]: The Albatross 1935, 252 S.

140 Adams, Herbert: The Body in the Bunker (The Albatross Crime Club Vol. 144). Hamburg [usw.]: The Albatross 1935, 283 S.

141 East, Roger: Twenty-five Sanitary Inspectors (The Albatross Crime Club Vol. 145).Hamburg [usw.]: The Albatross 1935, 252 S.

142 Holt, Henry: TheTiger of Mayfair (The Albatross Crime Club Vol. 146). Hamburg [usw.]: The Albatross 1935, 252 S.

143 Christie, Agatha: Death in the Clouds (The Albatross Crime Club Vol. 147). Hamburg [usw.]: The Albatross 1936, 252 S.

144 Street, Cecil J. C.: Hendon's first Case (The Albatross Crime Club Vol. 148). Hamburg; Paris; Bologna: The Albatross 1936, 251 S.

145 Campbell, Alice: Keep away from Water (The Albatross Crime Club Vol. 149). Hamburg [usw.]: The Albatross 1936, 320 S.

146 Street, Cecil J. C.: The Milk Churn Murder (The Albatross Crime Club Vol. 150). Hamburg [usw.]: The Albatross 1936, 252 S.
147 Holt, Henry: Unknown Terror (The Albatross Crime Club Vol. 151). Hamburg [usw.]: The Albatross 1936, 284 S.
148 Markham, Virgil: The deadly Jest (The Albatross Crime Club Vol. 152). Hamburg [usw.]: The Albatross 1936, 284 S.
149 Adams, Herbert: Fate Laughs (The Albatross Crime Club Vol. 153). Hamburg [usw.]: The Albatross 1936, 252 S.
150 Street, Cecil J. C.: Mystery at Olympia (The Albatross Crime Club Vol. 154). Hamburg [usw.]: The Albatross 1936, 252 S.
151 Street, Cecil J. C.: Death in the Tunnel (The Albatross Crime Club Vol. 155). Hamburg [usw.]: The Albatross 1936, 252 S.
152 Christie, Agatha: The Hound of Death and other Stories (The Albatross Crime Club Vol. 156). Hamburg [usw.]: The Albatross 1936, 247 S.
153 Ferguson, John Alexander: Death comes to Perigord (The Albatross Crime Club Vol. 157). Hamburg [usw.]: The Albatross 1936, 251 S.
154 Campell, Alice: The Click of the Gate (The Albatross Crime Club Vol. 158). Hamburg [usw.]: The Albatross 1936, 320 S.
155 Christie, Agatha: The Abc Murders (The Albatross Crime Club Vol. 159). Leipzig [usw.]: The Albatross 1937, 252 S.
156 Adams, Herbert: A Word of six Letters (The Albatross-Crime-Club Vol. 160). Hamburg; Paris; Bologna: The Albatross 1937, 252 S.
157 Street, Cecil J. C.: Death at Breakfast (The Albatross Crime Club Vol. 161). Hamburg; Paris; Bologna: The Albatross 1937, 284 S.
158 Penny, Rupert: The talkative Policeman (The Albatross Crime Club Vol. 162). Hamburg; Paris; Bologna: The Albatross 1937, 320 S.
159 Street, Cecil J. C.: Murder of a Chemist (The Albatross Crime Club Vol. 163). Hamburg; Paris; Bologna : The Albatross 1937, 280 S.
160 Day Lewis, Cecil: Thou shell of Death (The Albatross Crime Club Vol. 164). Hamburg; Paris; Bologna: The Albatross 1937, 288 S.
161 Cole, George D. H./Cole, Margaret: Dr. Tancred begins (The Albatross Crime Club Vol. 165). Hamburg; Paris; Bologna: The Albatross 1937, 285 S.
162 Vahey, John George Haslette/Vernon Loder: The deaf-mute Murders (The Albatross Crime Club Vol. 166). Hamburg; Paris; Bologna: The Albatross 1937, 252 S.

163 Street, Cecil J. C.: In Face of the verdict (The Albatross Crime Club Vol. 167). Hamburg; Paris; Bologna: The Albatross 1937, 284 S.

164 Christie, Agatha: Murder in Mesopotamia (The Albatross Crime Club Vol. 168). Hamburg; Paris; Bologna: The Albatross 1937, 284 S.

165 Wakefield, H. Russell: Belt of Suspicion (The Albatross Crime Club Vol. 169). Hamburg; Paris; Bologna: The Albatross 1937, 252 S.

166 Turner, John Victor: Homicide Haven (The Albatross Crime Club Vol. 170). Hamburg; Paris; Bologna: The Albatross 1937, 284 S.

167 East, Roger: Detectives in Gum Boots (The Albatross Crime Club Vol. 171). Hamburg; Paris; Bologna: The Albatross 1937, 254 S.

168 Markham, Virgil: Snatch (The Albatross Crime Club Vol. 172). Hamburg; Paris; Bologna: The Albatross 1937, 284 S.

169 Adams, Herbert: The old Jew Mystery (The Albatross Crime Club Vol. 173). Hamburg; Paris; Bologna: The Albatross 1937, 283 S.

170 Cole, George D. H./Cole, Margaret: Scandal at School (The Albatross Crime Club Vol. 174). Hamburg; Paris; Bologna: The Albatross 1937, 284 S.

171 Rivett, Edith Caroline: Post after Post-Mortem (The Albatross Crime Club Vol. 175). Hamburg; Paris; Bologna: The Albatross 1937, 288 S.

172 Christie, Agatha: Cards on the Table (The Albatross Crime Club Vol. 176). Hamburg; Paris; Bologna: The Albatross 1937, 286 S.

173 Turner, John Victor: Below the Clock (The Albatross Crime Club Vol. 177). Hamburg; Paris; Bologna: The Albatross 1937, 284 S.

174 Street, Cecil J. C./Miles Burton: Where is Barbara Prentice? (The Albatross Crime Club Vol. 178). Hamburg; Paris; Bologna: The Albatross 1937, 320 S.

175 Holt, Henry: There has been a Murder (The Albatross Crime Club Vol. 179). Hamburg; Paris; Bologna: The Albatross 1937, 281 S.

176 Cole, George D. H./Cole, Margaret: Last Will and Testament … (The Albatross Continental Crime Club Library Vol. 180). Leipzig; Paris; Bologna: The Albatross 1937, 285 S.

177 Vahey, John George Harette: The little Man Murders (The Albatross Continental Crime Club Library Vol. 181). Leipzig; Paris; Bologna: The Albatross 1937, 284 S.

178 Adams, Herbert: Death off the Fairway (The Albatross Continental Crime Club Library Vol. 182). Leipzig; Paris; Bologna: The Albatross 1937, 283 S.

179 Rivett, Edith Caroline: A Pall for a Painter (The Albatross Continental Crime Club Library Vol. 183). Leipzig; Paris; Bologna: The Albatross 1937, 249 S.

180 Ferguson, John Alexander: Death of Mr. Dodsley (The Albatross Continental Crime Club Library Vol. 184). Leipzig; Paris; Bologna: The Albatross 1937, 286 S.

181 Cole, George D. H./Cole, Margaret: The Brothers Sackville (The Albatross Continental Crime Club Library Vol. 185). Leipzig; Paris; Bologna: The Albatross 1937, 314 S.

182 Street, Cecil J. C.: Death in the Hopfields (The Albatross Continental Crime Club Library Vol. 186). Leipzig; Paris; Bologna: The Albatross 1937, 282 S.

183 Day Lewis, Cecil: There´s trouble Brewing (The Albatross Continental Crime Club Library Vol. 187). Leipzig; Paris; Bologna: The Albatross 1938, 284 S.

184 Aiken, Conrad: Great Circle (The Albatross Modern Continental Library Vol. 201). Hamburg [usw.]: The Albatross 1934, 248 S.

185 Queen, Ellery: The Tragedy of Z. a Drury Lane Mystery (The Albatross Modern Continental Library Vol. 202). Hamburg [usw.]: The Albatross 1934, 245 S.

186 Sutherland, Halliday: The Arches of the Years (The Albatross Modern Continental Library Vol. 203). Hamburg [usw.]: The Albatross 1934, 275 S.

187 Dunsany, Edward John Moreton Drax Plunkett Lord: The Curse of the Wise Woman (The Albatross Modern Continental Library Vol. 204). Hamburg [usw.]: The Albatross 1934, 203 S.

188 Milne, Alan A.: Four days´ Wonder (The Albatross Modern Continental Library Vol. 205). Hamburg [usw.]: The Albatross 1934, 285 S.

189 Nichols, Beverley: A thatched Roof (The Albatross Modern Continental Library Vol. 206). Hamburg [usw.]: The Albatross 1934, 247 S.

190 Dickens, Charles: The Life of Our Lord: The History of Our Saviour Jesus Christ (The Albatross Modern Continental Library Vol. 207). Hamburg [usw.]: The Albatross 1934, 140 S.

191 Sitwell, Osbert: Miracle on Sinai (The Albatross Modern Continental Library Vol. 208). Hamburg [u.a.]: Albatross 1934, 280 S.

192 Mansfield, Katherine/Murry, John Middleton: Letters (The Albatross Modern Continental Library Vol. 209). Hamburg [usw.]: The Albatross 1934, 430 S.
193 Ferber, Edna: They brought their Women: a Book of short Stories (The Albatross Moder Continental Library Vol. 210). Hamburg [usw.]: The Albatross 1934, 216 S.
194 Arlen, Michael: Man´s Mortality (The Albatross Modern Continental Library Vol. 211). Hamburg [usw.]: The Albatross 1934, 277 S.
195 Sayers, Dorothy L.: The nine Tailors: Changes rung on an old Theme in two short Touches and two full Peals (The Albatross Modern Continental Library Vol. 212). Hamburg [usw.]: The Albatross 1934, 317 S.
196 Lawrence, David H.: The Rainbow (The Albatross Modern Continental Library Vol. 213). Hamburg [usw.]: The Albatross 1934, 478 S.
197 Masefield, John: The Bird of Dawning (The Albatross Modern Continental Library Vol. 214). Hamburg [usw.]: The Albatross 1934, 252 S.
198 Coyle, Kathleen: Morning comes early (The Albatross Modern Continental Library Vol. 215). Hamburg [usw.]: The Albatross 1934, 189 S.
199 Aldington, Richard: All Men are Enemies: a Romance (The Albatross Modern Continental Library Vol. 216). Hamburg [usw.]: The Albatross 1934, 466 S.
200 Erskine, John: Adam and Eve, though he knew better (The Albatross Modern Continental Library Vol. 217). Hamburg [usw.]: The Albatross 1934, 255 S.
201 Walpole, Hugh: Vanessa (The Albatross Modern Continental Library Vol. 218). Hamburg [usw.]: The Albatross 1934, 501 S.
202 Linklater, Eric: Mary, Queen of Scots: With a Frontispiece (The Albatross Modern Continental Library Vol. 219). Hamburg [usw.]: The Albatross 1934, 159 S.
203 Baring, Maurice: Sarah Bernhardt: With a Frontispiece (The Albatross Modern Continental Library Vol. 220). Hamburg [usw.]: The Albatross 1934, 161 S.
204 Renier, Gustaaf Johannes: Oscar Wilde : With a Frontispiece (The Albatross Modern Continental Library Vol. 221). Hamburg [usw.]: The Albatross 1934, 163 S.
205 Dobrée, Bonamy: Giacomo Casanova, Chevalier de Seingalt: With a Frontispiece (The Albatross Modern Continental Library Vol. 222). Hamburg [usw.]: The Albatross 1934, 169 S.

206 Lehmann, Rosamond: Invitation to the Waltz (The Albatross Modern Continental Library Vol. 223). Hamburg [usw.]: The Albatross 1934, 178 S.

207 Deeping, Warwick: Sorrell and Son (The Albatross Modern Continental Library Vol. 224). Hamburg [usw.]: The Albatross 1934, 412 S.

208 Mansfield, Katherine: The Doll's House and other Stories (The Albatross Modern Continental Library Vol. 225). Hamburg [usw.]: The Albatross 1934, 242 S.

209 Bromfield, Louis: The Farm (The Albatross Modern Continental Library Vol. 226). Hamburg [usw.]: The Albatross 1934, 407 S.

210 Young, Francis Brett: The Cage Bird and other Stories (The Albatross Modern Continental Library Vol. 227). Hamburg [usw.]: The Albatross 1934, 250 S.

211 Croft-Cooke, Rupert: Picaro (The Albatross Modern Continental Library Vol. 228). Hamburg [usw.]: The Albatross 1934, 251 S.

212 Smith, Wallace: The Captain hates the Sea (The Albatross Modern Continental Library Vol. 229). Hamburg [usw.]: The Albatross 1934, 229 S.

213 Wilder, Thornton: The Cabala (The Albatross Modern Continental Library Vol. 230). Hamburg [usw.]: The Albatross 1934, 188 S.

214 Thirkell, Angela: Wild Strawberries (The Albatross Modern Continental Library Vol. 231). Hamburg [usw.]: The Albatross 1934, 210 S.

215 Cain, James M.: The Postman always rings twice (The Albatross Modern Continental Library Vol. 232). Hamburg [usw.]: The Albatross 1934, 179 S.

216 Dejong, David Cornel: Belly Fulla Straw (The Albatross Modern Continental Library Vol. 233). Hamburg [usw.]: The Albatross 1934, 250 S.

217 De Kruif, Paul: Hunger Fighters (The Albatross Modern Continental Library Vol. 234). Hamburg [usw.]: The Albatross 1934, 310 S.

218 Lewis, Sinclair: Main Street (The Albatross Modern Continental Library Vol. 235). Hamburg [usw.]: The Albatross 1934, 476 S.

219 Stern, Gladys B.: Pelican Walking: Short Stories (The Albatross Modern Continental Library Vol. 236). Hamburg [usw.]: The Albatross 1934, 244 S.

220 Macaulay, Rose: Going abroad (The Albatross Modern Continental Library Vol. 237). Hamburg [usw.]: The Albatross 1934, 249 S.

221 Linklater, Eric: Magnus Merriman (The Albatross Modern Continental Library Vol. 238). Hamburg [usw.]: The Albatross 1935, 318 S.

222 Queen, Ellery: The Chinese orange Mystery: a Problem in Deduction (The Albatross Modern Continental Library Vol. 239). Hamburg [usw.]: The Albatross 1935, 246 S.

223 Stribling, Thomas Sigmund: Unfinished Cathedral (The Albatross Modern Continental Library Vol. 240). Hamburg [usw.]: The Albatross 1934, 305 S.

224 Bromfield, Louis: Here to-day and gone to-morrow (The Albatross Modern Continental Library Vol. 241). Hamburg [usw.]: The Albatross 1934, 281 S.

225 Yurlova, Marina: Cossack Girl (The Albatross Modern Continental Library Vol. 242). Hamburg [usw.]: The Albatross 1935, 215 S.

226 O´Brien, Kate: The Ante-Room (The Albatross Modern Continental Library Vol. 243). Hamburg [usw.]: The Albatross 1935, 221 S.

227 Lawrence, David H.: The Woman who rode away and other Stories (The Albatross Modern Continental Library Vol. 244). Hamburg [usw.]: The Albatross 1934, 277 S.

228 Hackett, Francis: Henry the Eighth (The Albatross Modern Continental Library Vol. 245). Hamburg [usw.]: The Albatross 1934, 481 S.

229 Huxley, Aldous: Two or three Graces and other Stories (The Albatross Modern Continental Library Vol. 246). Hamburg [usw.]: The Albatross 1934, 226 S.

230 Huxley, Aldous: Brief Candles: Stories (The Albatross Modern Continental Library Vol. 247). Hamburg [usw.]: The Albatross 1935, 249 S.

231 Lewis, Sinclair: Martin Arrowsmith (The Albatross Modern Continental Library Vol. 248). Hamburg [usw.]: The Albatross 1935, 466 S.

232 Home, Michael: In this Valley (The Albatross Modern Continental Library Vol. 249). Hamburg [usw.]: The Albatross 1935, 283 S.

233 Aldington, Richard: Soft Answers (The Albatross Modern Continental Library Vol. 250). Hamburg [usw.]: The Albatross 1935, 283 S.

234 Waugh, Evelyn: A handful of Dust (The Albatross Modern Continental Library Vol. 251). Hamburg [usw.]: The Albatross 1935, 242 S.

235 Lawrence, David H.: St. Mawr (The Albatross Modern Continental Library Vol. 252). Hamburg [usw.]: The Albatross 1935, 247 S.

236 Miller, Caroline: Lamb in his Bosom (The Albatross Modern Continental Library Vol. 253). Hamburg [usw.]: The Albatross 1935, 315 S.

237 Strong, Leonard A. G.: Corporal Tune (The Albatross Modern Continental Library Vol. 254). Hamburg [usw.]: The Albatross 1935, 251 S.

238 Wilde, Oscar: The Stories (The Albatross Modern Continental Library Vol. 255). Hamburg [usw.]: The Albatross 1935, 510 S.
239 Wilde, Oscar: The Plays (The Albatross Modern Continental Library Vol. 256). Hamburg [usw.]: The Albatross 1935, 351 S.
240 Wilde, Oscar: The Poems and Essays of Oscar Wilde (The Albatross Modern Continental Library Vol. 257: Extra-Vol.). Hamburg [usw.]: The Albatross 1935, 383 S.
241 Wilde, Oscar: The Posthumous Works of Oscar Wilde (The Albatross Modern Continental Library Vol. 258). Hamburg [usw.]: The Albatross 1935, 253 S.
242 Wilson, Robert McNair: Napoleon´s Mother (The Albatross Modern Continental Library Vol. 259). Hamburg [usw.]: The Albatross 1935, 259 S.
243 Huxley, Aldous: Music at Night and other Essays (The Albatross Modern Continental Library Vol. 260). Hamburg [usw.]: The Albatross 1935, 216 S.
244 Armstrong, Harold C.: Grey Wolf Mustafa Kemal: an intimate Study of a Dictator (The Albatross Modern Continental Library Vol. 261). Hamburg [usw.]: The Albatross 1935, 269 S.
245 Nijinsky, Romola: Nijinsky (The Albatross Modern Continental Library Vol. 262). Hamburg [usw.]: The Albatross 1935, 372 S.
246 Hilton, James: Good-bye, Mr. Chips (The Albatross Modern Continental Library Vol. 263). Hamburg [usw.]: The Albatross 1935, 118 S.
247 Munthe, Axel: Memories and Vagaries (The Albatross Modern Continental Library Vol. 264). Hamburg [usw.]: The Albatross 1935, 184 S.
248 Lewis, Sinclair: Our Mr. Wrenn: The romantic Adventures of a Gentleman (The Albatross Modern Continental Library Vol. 265). Hamburg [usw.]: The Albatross 1935, 241 S.
249 Graves, Robert: I, Claudius: From the Autobiography of Tiberius Claudius, Emperor of the Romans, born B. C. 10, murdered and deified A. D. 54 (The Albatross Modern Continental Library Vol. 266). Hamburg [usw.]: The Albatross 1935, 444 S.
250 Collier, John: Defy the foul Fiend or The Misadventures of a Heart (The Albatross Modern Continental Library Vol. 267). Hamburg [usw.]: The Albatross 1935, 282 S.
251 Roberts, Cecil: The Guests arrive (The Albatross Modern Continental Library Vol. 268). Hamburg [usw.]: The Albatross 1935, 274 S.

252 Huxley, Aldous: Beyond the Mexique Bay (The Albatross Modern Continental Library Vol. 269). Hamburg [usw.]: The Albatross 1935, 246 S.
253 Hergersheimer, Joseph: The Foolscap Rose (The Albatross Modern Continental Library Vol. 270). Hamburg [usw.]: The Albatross 1935, 251 S.
254 Aldington, Richard: Women must work (The Albatross Modern Continental Library Vol. 271). Hamburg [usw.]: The Albatross 1935, 311 S.
255 Lewis, Sinclair: Elmer Gantry (The Albatross Modern Continental Library Vol. 272). Hamburg [usw.]: The Albatross 1935, 475 S.
256 Hobart, Alice Tisdale: River Supreme – Pidgin Cargo (The Albatross Modern Continental Library Vol. 273). Hamburg [usw.]: The Albatross 1935, 242 S.
257 Housman, Laurence: Victoria Regina: A dramatic Biography (The Albatross Modern Continental Library Vol. 274). Hamburg [usw.]: The Albatross 1935, 469 S. Neuere Auflage: Leipzig [usw.]: The Albatross 1938.
258 West, Rebecca: The harsh Voice: four short Novels (The Albatross Modern Continental Library Vol. 275). Hamburg [usw.]: The Albatross 1935, 254 S.
259 Wegner, Max Christian: The Albatross Mook of American short Stories (The Albatross Modern Continental Library Vol. 276). Hamburg [usw.]: The Albatross 1935, 439 S.
260 James, Montague R.: Thirteen Ghost Stories (The Albatross Modern Continental Library Vol. 277). Hamburg [usw.]: The Albatross 1935, 246 S.
261 Golding, Louis: Five Silver Daughters (The Albatross Modern Continental Library Vol. 278). Hamburg [usw.]: The Albatross 1935, 376 S.
262 Lawrence, David H.: A modern Lover (The Albatross Modern Continental Library Vol. 279). Hamburg [usw.]: The Albatross 1935, 213 S.
263 Powys, Theodore Francis: Captain Patch: 21 Stories (The Albatross Modern Continental Library Vol. 280). Hamburg [usw.]: The Albatross 1935, 217 S.
264 Kitchin, Clifford Henry Benn: Crime at Christmas (The Albatross Modern Continental Library Vol. 281). Hamburg [usw.]: The Albatross 1935, 238 S.
265 Morgan, Charles: Portrait in a Mirror (The Albatross Modern Continental Library Vol. 282). Hamburg [usw.]: The Albatross 1935, 241 S. Neuere Auflage: London; Paris: The Albatross 1947, 248 S.

266 Mansfield, Katherine: Bliss and other Stories (The Albatross Modern Continental Library Vol. 283). Hamburg [usw.]: The Albatross 1935, 218 S.

267 Lewis, Sinclair: Babbitt (The Albatross Modern Continental Library Vol. 284). Hamburg [usw.]: The Albatross 1935, 393 S. Neuere Auflage: London [usw.:]: The Albatross 1947, 399 S.

268 Bowen, Marjorie: The Angel of the Assassination: Marie-Charlotte de Corday d'Armont, Jean Paul Marat, Jean Adam Lux; A Study of three disciples of Jean-Jacques Rousseau (The Albatross Modern Continental Library Vol. 285). Hamburg [usw.]: The Albatross 1935, 249 S.

269 Watson, Elliot Lovegood Grant: The Nun and the Bandit (The Albatross Modern Continental Library Vol. 286). Hamburg [usw.]: The Albatross 1935, 247 S.

270 Nesbitt, L. M.: Abyssinia unveiled: Desert and Forest (The Albatross Modern Continental Library Vol. 287). Hamburg [usw.]: The Albatross 1935, 360 S.

271 Gibbs, Philip: Unchanging Quest (The Albatross Modern Continental Library Vol. 288). Hamburg [usw.]: The Albatross 1935, 300 S.

272 Wharton, Edith: Ethan Frome (The Albatross Modern Continental Library Vol. 289). Hamburg [usw.]: The Albatross 1936, 188 S.

273 Graves, Robert: Claudius the God and his Wife Messalina (The Albatross Modern Continental Library Vol. 290). Hamburg [usw.]: The Albatross 1935, 500 S.

274 O'Hara, John: Appointment in Samarra (The Albatross Modern Continental Library Vol. 291). Hamburg [usw.]: The Albatross 1935, 243 S.

275 Lawrence, David H.: Sons and Lovers (The Albatross Modern Continental Library Vol. 292). Hamburg [usw.]: The Albatross 1936, 432 S.

276 Faulkner, William: Pylon (The Albatross Modern Continental Library Vol. 293). Hamburg [usw.]: The Albatross 1935, 243 S.

277 MacDonald, Philip: Patrol (The Albatross Modern Continental Library Vol. 294). Hamburg [usw.]: The Albatross 1936, 172 S.

278 Lawrence, David H.: The lost Girl (The Albatross Modern Continental Library Vol. 295). Hamburg; Paris; Bologna: The Albatross 1936, 409 S.

279 Fallas, Carl: The wooden Pillow (The Albatross Modern Continental Library Vol. 296). Hamburg [usw.]: The Albatross 1936, 241 S.

280 Lewis, Sinclair: The Job (The Albatross Modern Continental Library Vol. 297). Hamburg [usw.]: The Albatross 1936, 252 S.

281 Linklater, Eric: Ripeness is All (The Albatross Modern Continental Library Vol. 298). Hamburg [usw.]: The Albatross 1936, 282 S.
282 Bowen, Elizabeth: The House in Paris (The Albatross Modern Continental Library Vol. 299). Hamburg [usw.]: The Albatross 1936, 246 S.
283 Birkenhead, Frederick Edwin Smith Earl of: The Albatrossbook of English Letters from the Selection by the first Earl of Birkenhead (The Albatross Modern Continental Library Vol. 300). Hamburg [usw.]: The Albatross 1936, 468 S.
284 Erskine, John: Forget if you can (The Albatross Modern Continental Library Vol. 302). Hamburg [usw.]: The Albatross 1936, 222 S.
285 Lawrence, David H.: Women in Love (The Albatross Modern Continental Library Vol. 303). Hamburg [usw.]: The Albatross 1936, 499 S.
286 Day, Clarence: Life with Father (The Albatross Modern Continental Library Vol. 304). Hamburg [usw.]: The Albatross 1936, 184 S.
287 Conrad, Joseph: The Mirror of the Sea: Memories & Impressions (The Albatross Modern Continental Library Vol. 305). Hamburg [usw.]: The Albatross 1936, 207 S.
288 Coppard, Alfred E.: Polly Oliver: Tales (The Albatross Mmodern Continental Library Vol. 306). Hamburg [usw.]: The Albatross 1936, 254 S.
289 Campbell, Harriette R.: The String Glove Mystery (The Albatross Modern Continental Library Vol. 307). Hamburg [usw.]: The Albatross 1936, 247 S.
290 Meier-Graefe, Julius/Holroyd-Reece, John: Vincent: A life of Vincent van Gogh (The Albatross Modern Continental Library Vol. 308). Leipzig; Hamburg [usw.]: The Albatross 1936, 284 S.
291 Holtby, Winifred: South Riding (The Albatross Modern Continental Library Vol. 309). Hamburg [usw.]: The Albatross 1936, 430 S.
292 Prokosch, Frederic: The Asiatics (The Albatross Modern Continental Libray Vol. 310). Hamburg [usw.]: The Albatross 1936, 307 S.
293 West, Rebecca: The Thinking Reed (The Albatross Modern Continental Library Vol. 311). Hamburg [usw.]: The Albatross 1936, 403 S.
294 Sitwell, Edith: Victoria of England (The Albatross Modern Continental Library Vol. 312). Hamburg [usw.]: The Albatross 1936, 399 S.
295 Fry, Dorothy: The other Day (The Albatross Modern Continental Library Vol. 313). Hamburg [usw.]: The Albatross 1936, 217 S.
296 Saki: The Square Egg and other Stories (The Albatross Modern Continental Library Vol. 314). Leipzig [usw.]: The Albatross 1936, 188 S.

297 Fox, Ralph: Genghis Khan (The Albatross Modern Continental Library Vol. 315). Hamburg [usw.]: The Albatross 1936, 222 S.
298 Duguid, Julian: A Cloak of Monkey Fur (The Albatross Modern Continental Library Vol. 316). Hamburg [usw.]: The Albatross 1937, 252 S.
299 Lehmann, Rosamund: The Weather in the Streets (The Albatross Modern Continental Library Vol. 317). Hamburg; Paris; Bologna: The Albatross 1937, 378 S.
300 Foldes, Yolanda: The Street of the Fishing Cat (The Albatross Modern Continental Library Vol. 318). Hamburg: The Albatross 1937, 248 S.
301 Erskine, John: Solomon, my Son (The Albatross Modern Continental Library Vol. 319). Leipzig [usw.]: The Albatross 1937, 246 S.
302 Hemingway, Ernest: The Sun also Rises (The Albatross Modern Continental Library Vol. 320). Leipzig; Paris; Bologna: The Albatross 1937, 221 S.
303 Sackville-West, Vita: Saint Joan of Arc (The Albatross Modern Continental Library Vol. 321). Leipzig; Paris; Bologna: The Albatross 1937, 386 S.
304 Morgan , Charles: Sparkenbroke (The Albatross Modern Continental Library Vol. 322). Leipzig; Paris; Bologna: The Albatross 1937, 470 S. Neuere Auflage: Rome: The Albatross 1949, 461 S.
305 Stark, Freya: The Southern Gates of Arabia: A Journey in the Hadhramaut (The Albatross Modern Continental Library Vol. 323). Leipzig; Paris; Bologna: The Albatross 1937, 247 S.
306 De la Mare, Walter: The Wind blows over (The Albatross Modern Continental Library Vol. 324). Leipzig [usw.]: The Albatross 1937, 255 S.
307 Blaker, Richard: But Veauty Vanisches: a Novel (The Albatross Modern Continental Library Vol. 325). Leipzig [usw.]: The Albatross 1937, 299 S.
308 Lawrence, David H.: Aaron´s Rod (The Albatross Modern Continental Library Vol. 326). Leipzig [usw.]: The Albatross 1937, 316 S.
309 Wyndham, Richard: The Gentle Savage: a Sudanese Journey in the Province of Bahr-el-Ghazal Commonly called the Bog (The Albatross Modern Continental Library Vol. 327). Leipzig [usw.]: The Albatross 1937, 224 S.
310 De Kruif, Paul/De Kruif, Rhea: Why keep them Alive? (The Albatross Modern Continental Library Vol. 328). Leipzig [usw.]: The Albatross 1937, 252 S.

311 Bromfield, Louis: It had to happen (The Albatross Modern Continental Library Vol. 329). Leipzig [usw.]: The Albatross 1937, 174 S.

312 Lucas, Edward V.: A Wanderer in Paris (The Albatross Modern Continental Library Vol. 330). Leipzig [usw.]: The Albatross 1937, 238 S.

313 Huxley, Aldous: Point Counter Point (The Albatross Modern Continental Library Vol. 331). Leipzig [usw.]: The Albatross 1937, 278 S.

314 Huxley, Aldous: Point Counter Point (The Albatross Modern Continental Library Vol. 332). Leipzig [usw.]: The Albatross 1937, S. 283 – 563.

315 Ashton, Helen: People in Cages (The Albatross Modern Continental Library Vol. 333). Leipzig; Paris; Bologna: The Albatross 1937, 314 S.

316 Waugh, Evelyn: Mr. Loveday´s little Outing and other sad Stories (The Albatross Modern Continental Library Vol. 334). Leipzig [usw.]: The Albatross 1937, 184 S.

317 Graves, Robert: Antigua, Penny , Puce (The Albatross Modern Continental Library Vol. 335). Leipzig [usw.]: The Albatross 1937, 278 S.

318 Huxley, Aldous: The Olive Tree and other Essays (The Albatross Modern Continental Library Vol. 336). Leipzig [usw.]: The Albatross 1937, 220 S.

319 Croft-Cooke, Rupert: Kingdom Come (The Albatross Modern Continental Library Vol. 337). Leipzig [usw.]: The Albatross 1937, 275 S.

320 Wolfe, Humbert: P. L. M.: Peoples, Landfalls, Mountains (The Albatross Modern Continental Library Vol. 338). Leipzig [usw.]: The Albatross 1937, 244 S.

321 Macaulay, Rose: I would be Privat (The Albatross Modern Continental Library Vol. 339). Leipzig; Paris; Bologna: The Albatross 1937, 288 S.

322 Aldington, Richard: Very Heaven (The Albatross Modern Continental Library Vol. 340). Leipzig [usw.]: The Albatross 1937, 278 S.

323 Thompson, Edward: Burmese Silver (The Albatross Modern Continental Library Vol. 341). Leipzig [usw.]: The Albatross 1937, 244 S.

324 Peattie, Donald Culross: Green Laurels: the Lives and Achievements of the great Naturalists (The Albatross Modern Continental Library Vol. 342). Leipzig [usw.]: The Albatross 1937, 282 S.

325 Hemingway, Ernest: Men without Women: Stories (The Albatross Modern Continental Library Vol. 343). Leipzig; Paris; Bologna: The Albatross 1937, 185 S.

326 Sadleir, Michael: These foolish Things: A Story (The Albatross Modern Continental Library Vol. 344). Leipzig; Paris; Bologna: The Albatross 1937, 251 S.
327 Travers, Pamela L.: Mary Poppins (The Albatross Modern Continental Library Vol. 345). Leipzig; Paris; Bologna: The Albatross 1937, 196 S.
328 Compton-Burnett, Ivy: Daughters and Sons (The Albatross Modern Continental Library Vol. 346). Leipzig; Paris; Bologna: The Albatross 1937, 275 S.
329 Kitchin, Clifford Henry Benn: Olive E. (The Albatross Modern Continental Library Vol. 347). Leipzig; Paris; Bologna: The Albatross 1937, 259 S.
330 Coppard, Alfred E.: Ninepenny Flute: 21 Tales (The Albatross Modern Continental Library Vol. 348). Leipzig; Paris; Bologna: The Albatross 1937, 246 S.
331 Pritchett, Victor Sawdon: Dead Man Leading (The Albatross Modern Continental Library Vol. 349). Leipzig; Paris; Bologna: The Albatross 1937, 244 S.
332 Hambourg, Sonia/Boothroyd, Ronald Herbert: The Albatross Book of Living Prose (The Albatross Modern Continental Library Vol. 350). Leipzig; Paris; Bologna: The Albatross 1937, 314 S.
333 Deeping, Warwick: Blind Man´s Year (The Albatross Modern Continental Library Vol. 351). Leipzig; Paris; Bologna: The Albatross 1937, 277 S.
334 Collis, Maurice: She was a Queen (The Albatross Modern Continental Library Vol. 352). Leipzig; Paris; Bologna: The Albatross 1938, 214 S.
335 Erskine, John: Young Love: Variations on a Theme (The Albatross Modern Continental Library Vol. 353). Leipzig; Paris; Bologna: The Albatross 1938, 250 S.
336 Lawrence, David H.: Kangaroo (The Albatross Modern Continental Library Vol. 354). Leipzig; Paris; Bologna: The Albatross 1938, 407 S.
337 Richter, Conrad: The Sea of Grass (The Albatross Modern Continental Library Vol. 355). Leipzig; Paris; Bologna: The Albatross 1938, 182 S.
338 Myers, Leopold Hamilton: Strange Glory (The Albatross Modern Continental Library Vol. 356). Leipzig; Paris; Bologna: The Albatross 1938, 212 S.

339 Armstrong, Harold C.: Lord of Arabia: Ibn Saud; An intimate Study of a King (The Albatross Modern Continental Library Vol. 357). Leipzig; Paris; Bologna: The Albatross 1938, 246 S.

340 Stuart, Francis: The Bridge: a Novel (The Albatross Modern Continental Library Vol. 359). Paris: Albatross 1938, 318 S.

341 Arlen, Michael: The crooked Coronet and other Misrepresentations of the real Facts of Life (The Albatross Modern Continental Library Vol. 362). Leipzig [usw.]: The Albatross 1938, 238 S.

342 Brand, Millen: The outward Room (The Albatross Modern Continental Library Vol. 363). Leipzig [usw.]: The Albatross 1938, 187 S.

343 Sayers, Dorothy L.: Gaudy Night (The Albatross Modern Continental Library Vol. 364).Leipzig [usw.]: The Albatross 1938, 483 S.

344 Hilton, James: We are not alone (The Albatross Modern Continental Library Vol. 365). Leipzig; Paris; Bologna: The Albatross 1938, 187 S.

345 Steinbeck, John: Of Mice and Men (The Albatross Modern Continental Library Vol. 366). Leipzig; Paris; Bologna: The Albatross 1938, 189 S.

346 Maillart, Ella/MacGreevy Thomas Transl.: Forbidden Journey from Peking to Kashmir (The Albatross Modern Continental Library Vol 367). Leipzig; Paris; Bologna: The Albatross 1938, 273 S.

347 Sitwell, Edith: I live under a black Sun (The Albatross Modern Continental Library Vol 368). Leipzig [usw.]: The Albatross 1938, 250 S.

348 Saroyan, William: Little Children (The Albatross Modern Continental Library Vol. 369). Leipzig [usw.]: The Albatross 1938, 198 S.

349 Hayward, John: The Albatross Book of Living Oratory: An Anthology of famous Speeches from Burke to Baldwin (The Albatross Modern Continental Library Vol. 370). Leipzig [usw.]: The Albatross 1938, 259 S.

350 Erskine, John: The brief Hour of Francois Villon (The Albatross Modern Continental Library Vol. 371). Leipzig; Paris; Bologna: The Albatross 1938, 278 S.

351 Deeping, Warwick: The Woman at the Door (The Albatross Modern Continental Library Vol. 372). Leipzig; Paris; Bologna: The Albatross 1938, 273 S.

352 Strong, Leonard A. G.: The swift Shadow (The Albatross Modern Continental Library Vol. 373). Leipzig; Paris; Bologna: The Albatross 1938, 258 S.

353 Housmann, Laurence: The golden Sovereign (The Albatross Modern Continental Library Vol. 374). Leipzig; Paris; Bologna: The Albatross 1938, 316 S.

354 James, Edward Frank Willis: The Gardener, who saw God: A Novel (The Albatross Modern Continental Library Vol. 375). Leipzig; Paris; Bologna: The Albatross 1938, 285 S.

355 Runyon, Damon/Bentley, Edward Charles: More than Somewhat: A Series of Stories (The Albatross Modern Continental Library Vol. 376). Leipzig; Paris; Bologna: The Albatross 1938, 254 S.

356 Linklater, Eric: Juan in China (The Albatross Modern Continental Library Vol. 377). Leipzig; Paris; Bologna: The Albatross 1938, 282 S.

357 Reid, Forrest: Peter Waring (The Albatross Modern Continental Library Vol. 378). Leipzig; Paris; Bologna: The Albatross 1938, 278 S.

358 Harpole, James: The Surgeon´s Case-Book (The Albatross Modern Continental Library Vol. 379). Leipzig; Paris; Bologna: The Albatross 1938, 209 S.

359 Lawrence, David H.: The Man, who died (The Albatross Modern Continental Library Vol. 380). Leipzig; Paris; Bologna: The Albatross 1938, 286 S.

360 Stark, Freya: Baghdad Sketches (The Albatross Modern Continental Library Vol 381). Leipzig; Paris; Bologna: The Albatross 1938, 239 S.

361 Aldington, Richard: Seven against Reeves (The Albatross Modern Continental Library Vol. 382). Leipzig; Paris; Bologna: The Albatross 1938, 273 S.

362 Prokosch, Frederic: The Seven who Fled (The Albatross Modern Continental Library Vol. 383). Leipzig; Paris; Bologna: The Albatross 1938, 374 S.

363 Day, Clarence: Life with Mother (The Albatross Modern Continental Library Vol. 384). Leipzig; Paris; Bologna: The Albatross 1938, 254 S.

364 Hambourg, Sonia/Boothroyd, Ronald Herbert: The Albatross Book of English Humour (The Albatross Modern Continental Library Vol. 385). Leipzig; Paris; Bologna: The Albatross 1938, 270 S.

365 Watkin, Lawrence Edward: On borrowed Time (The Albatross Modern Continental Library Vol. 386). Leipzig; Paris; Bologna: The Albatross 1939, 214 S.

366 Thompson, Edward: The youngest Disciple (The Albatross Modern Continental Library Vol. 387). Leipzig; Paris; Bologna: The Albatross 1939, 249 S.

367 Scudder, Evarts Seelye: Prince of the Blood, being an Account of the illustrious Brith, the strange Life and the horrible Death of Louis Philippe Joseph, fifth Duke of Orléans, better remembered as Philippe Ègalitè, here set down for the first time in English (The Albatross Modern Continental Library Vol. 388). Leipzig; Paris; Bologna: The Albatross 1939, 252 S.

368 Faulkner, William: The Unvanquished (The Albatross Modern Continental Library Vol. 389). Leipzig; Paris; Bologna: The Albatross 1938, 252 S.

369 Huxley, Aldous: The Letters (The Albatross Modern Continental Library Vol. 390). Leipzig: The Albatross 1938, 436 S.

370 Bodington, Nicolas: Solo (The Albatross Modern Continental Library Vol. 391). Leipzig; Paris; Bologna: The Albatross 1939, 221 S.

371 Cain, James M.: Serenade (The Albatross Modern Continental Library Vol. 392). Leipzig; Paris; Bologna: The Albatross 1939, 251 S.

372 Graves, Robert: Count Belisarius (The Albatross Modern Continental Library Vol. 393). Leipzig; Paris; Bologna: The Albatross 1939, 425 S.

373 Crow, Carl: Four hundred Million Customers (The Albatross Modern Continental Library Vol. 394). Leipzig; Paris; Bologna: The Albatross 1939, 250 S.

374 Sayers, Dorothy L.: Busman´s Honeymoon: A love Story with decetive Interruptions (The Albatross Modern Continental Library Vol. 395). Leipzig; Paris; Bologna: The Albatross 1939, 375 S. Neuere Auflage: London [u.a.]: Albatross 1947, 388 S.

375 Huxley, Aldous: The Letters (The Albatross Modern Continental Library Vol. 396). Leipzig: The Albatross 1938, 425 S.

376 Caldwell, Erskine: Journeyman (The Albatross Modern Continental Library Vol. 397). Leipzig; Paris; Bologna: The Albatross 1939, 182 S.

377 Greene, Graham: Brigahton Rock (The Albatross Modern Continental Library Vol. 398). Leipzig; Paris; Bologna: The Albatross 1939, 270 S.

378 Ommanney, F. D.: South Latitude (The Albatross Modern Continental Library Vol. 399). Leipzig; Paris; Bologna: The Albatross 1939, 276 S.

379 Laidler, Graham/Delafield, E. M.: The British Character, studied and revealed (The Albatross Modern Continental Library Vol. 400). Leipzig; Paris; Bologna: The Albatross 1939, 119.
380 Mills, Arthur H.: Brighton Alibi (The Albatross Mystery Club Vol. 401). Leipzig; Paris; Bologna: The Albatross 1937, 252 S.
381 Walsh, James Morgan: Spies never return (The Albatross Mystery Club Vol. 402). Leipzig; Paris; Bologna: The Albatross 1937, 284 S.
382 Turner, John Victor: Bring em back Dead (The Albatross Mystery Club Vol. 403). Leipzig; Paris; Bologna: The Albatross 1937, 316 S.
383 Douglas, Gavin: Rough Passage (The Albatross Mystery Club Vol. 404). Leipzig; Paris; Bologna: The Albatross 1937, 251 S.
384 Farjeon, Joseph Jefferson: Fancy Dress Ball (The Albatross Mystery Club Vol. 405). Leipzig; Paris; Bologna: The Albatross 1937, 253 S.
385 Maddock, Stephen: Conspirators in Capri (The Albatross Mystery Club Vol. 406). Leipzig; Paris; Bologna: The Albatross 1937, 252 S.
386 Horler, Sydney: Lord of Terror: A Paul Vivanti Story (The Albatross Mystery Club Vol. 407). Leipzig; Paris; Bologna: The Albatross 1937, 252 S.
387 Turner, John Victor: The jail Gates are open (The Albatross Mystery Club Vol. 408). Leipzig; Paris; Bologna: The Albatross 1937, 256 S.
388 Cheyney, Peter: This Man is dangerous (The Albatross Mystery Club Vol. 409). Leipzig; Paris; Bologna: The Albatross 1937, 284 S.
389 Penny, Rupert: Policeman's Holiday (The Albatross Crime Club Vol. 410). Leipzig; Paris; Bologna: The Albatross 1938, 286 S.
390 Christie, Agatha: Murder in the Mews and other Stories (The Albatross Crime Club Vol. 411). Leipzig; Paris; Bologna: The Albatross 1938, 280 S.
391 Turner, John Victor: Halfway to Horror (The Albatross Mystery Club Vol. 412). Leipzig; Paris; Bologna: The Albatross 1938, 252 S.
392 Gilbert, Antony: The Man, who wasn't there (The Albatross Crime Club Vol. 413). Leipzig; Paris; Bologna: The Albatross 1938, 286 S.
393 Street, Cecil J. C.: Death at the Club (The Albatross Crime Club Vol. 414). Leipzig; Paris; Bologna: The Albatross 1938, 284 S.
394 Cheyney, Peter: Poison Ivy: A Novel (The Albatross Crime Club Vol. 415). Leipzig; Paris; Bologna: The Albatross 1938, 252 S.
395 Rivett, Edith Caroline: Bats in the Belfry (The Albatross Crime Club Vol. 416). Leipzig; Paris; Bologna: The Albatross 1938, 252 S.

396 Vahey, John George Haslette: Choose your Weapon (The Albatross Crime Club Vol. 417). Leipzig; Paris; Bologna: The Albatross 1938, 252 S.
397 Sayers, Dorothy L.: Whose Body? (The Albatross Mystery Club Vol. 418). Leipzig; Paris; Bologna: The Albatross 1938, 280 S.
398 Footner, Hulbert: The dark Ships (The Albatross Crime Club Vol. 419). Leipzig; Paris; Bologna: The Albatross 1938, 252 S.
399 Adams, Herbert: A single Hair (The Albatross Crime Club Vol. 420). Leipzig; Paris; Bologna: The Albatross 1938, 252 S.
400 White, Ethel Lina: Wax (The Albatross Mystery Club Vol. 421). Leipzig; Paris; Bologna: The Albatross 1938, 252 S.
401 Street, Cecil J. C.: Death on the Board (The Albatross Crime Club Vol. 422). Leipzig; Paris; Bologna: The Albatross 1938, 254 S.
402 Douglas, Gavin: Captain Samson, A. B. (The Albatross Mystery Club Vol. 423). Leipzig; Paris; Bologna: The Albatross 1938, 252 S.
403 Cole, George D. H./Cole, Margaret: The missing Aunt (The Albatross Crime Club Vol. 424). Leipzig; Paris; Bologna: The Albatross 1938, 252 S.
404 Sayers, Dorothy L.: Unnatural Death (The Albatross Mystery Club Vol. 425). Leipzig; Paris; Bologna: The Albatross 1938, 277 S.
405 Philmore, Rupert: No Mourning in the Family (The Albatross Crime Club Vol. 426). Leipzig; Paris; Bologna: The Albatross 1939, 252 S.
406 Farjeon, Joseph Jefferson: Yellow Devil (The Albatross Mystery Club Vol. 427). Leipzig; Paris; Bologna: The Albatross 1939, 251 S.
407 Christie; Agatha: Dumb Witness (The Albatross Crime Club Vol. 428). Leipzig; Paris; Bologna: The Albatross 1938, 316 S.
408 Turner, John Victor: Cemetery first Stop! (The Albatross Mystery Club Vol. 429). Leipzig; Paris; Bologna: The Albatross 1938, 252 S.
409 Rivett, Edith Caroline: These Names make Clues (The Albatross Crime Club Vol. 430). Leipzig; Paris; Bologna: The Albatross 1939, 252 S.
410 Cheyney, Peter: Dames don't Care (The Albatross Mystery Club Vol. 431). Leipzig; Paris; Bologna: The Albatross 1939, 284 S.
411 Penny, Rupert: Policeman in Armour (The Albatross Crime Club Vol. 432). Leipzig; Paris; Bologna: The Albatross 1939, 284 S.
412 White, Ethel Lina: The first Time he died (The Albatross Mystery Club Vol. 433). Leipzig; Paris; Bologna: The Albatross 1939, 249 S.
413 Gilbert, Anthony: Murder has no Tongue (The Albatross Crime Club Vol. 434). Leipzig; Paris; Bologna: The Albatross 1939, 252 S.

414 Turner, John Victor: Good-bye to Life (The Albatross Mystery Club Vol. 435). Leipzig; Paris; Bologna: The Albatross 1939, 254 S.

415 Street, Cecil J. C.: Murder in Crown Passage (The Albatross Crime Club Vol. 436). Leipzig; Paris; Bologna: The Albatross 1939, 251 S.

416 Gray, Berkeley: Mr Mortimer Gets the Jitters (The Albatross Mystery Club Vol. 437). Leipzig; Paris; Bologna: The Albatross 1939, 316 S.

417 Christie, Agatha: Death on the Nile (The Albatross Crime Club Vol. 438). Leipzig; Paris; Bologna: The Albatross 1939, 284 S.

418 Horler, Sydney: The Ball of Fortune (The Albatross Mystery Club Vol. 439). Leipzig; Paris; Bologna: The Albatross 1939, 252 S.

419 Street, Cecil J. C.: Proceed with Caution (The Albatross Crime Club Vol. 440). Leipzig; Paris; Bologna: The Albatross 1939, 284 S.

420 Mills, Arthur H.: Judgment of Death (The Albatross Mystery Club Vol. 441). Leipzig; Paris; Bologna: The Albatross 1939, 251 S.

421 Footner, Hulbert: Murder in the Sun (The Albatross Crime Club Vol. 442). Leipzig; Paris; Bologna: The Albatross 1939, 252 S.

422 Vahey, John George Harlette: The Button in the Plate (The Albatross Crime Club Vol. 443). Leipzig; Paris; Bologna: The Albatross 1939, 252 S.

423 Christie, Agatha: Appointment with Death (The Albatross Crime Club Vol. 444). Leipzig; Paris; Bologna: The Albatross 1939, 252 S.

424 Cole, George D. H./Cole, M.: Off with her Head! (The Albatross Crime Club Vol. 445). Leipzig; Paris; Bologna: The Albatross 1939, 252 S.

425 Bowen, Elizabeth: The Death of the Heart! (The Albatross Modern Continental Library Vol. 501). Leipzig; Paris; Bologna: The Albatross 1939, 308 S.

426 Huxley, Aldous/ Lawrence, David H.: The Letters (The Albatross Modern Continental Library Vol. 502). Leipzig: The Albatross 1939, 383 S.

427 Bagnol, Enid: The Squire (The Albatross Modern Continental Library Vol. 503). Leipzig; Paris; Bologna: The Albatross 1939, 186 S.

428 Macdonell, Archibald G.: Autobiography of a Cad (The Albatross Modern Continental Library Vol. 504). Leipzig; Paris; Bologna: The Albatross 1939, 252 S.

429 Blaker, Richard: Love went a-Riding (The Albatross Modern Continental Library Vol. 505). Leipzig; Paris; Bologna: The Albatross 1939, 248 S.

430 Deeping, Warwick: The Malice of Men (The Albatross Modern Continental Library Vol. 506). Leipzig; Paris; Bologna: The Albatross 1939, 375 S.

431 Huxley, Aldous: Along the Road: Notes and Essays of a Tourist (The Albatross Modern Continental Library Vol. 507). Leipzig; Paris; Bologna: The Albatross 1939, 251 S.

432 Forbes, Rosita: Women called Wild (The Abatross Modern Continental Library Vol. 508). Leipzig; Paris; Bologna: The Albatross 1939, 247 S.

433 Steinbeck, John: The long Valley (The Albatross Modern Continental Library Vol. 509). Leipzig; Paris; Bologna: The Albatross 1939, 254 S.

434 Morgan, Charles: The Flashing Stream: With an Essay on Singleness of Mind and a Foreword (The Albatross Modern Continental Library Vol. 510). Leipzig; Paris; Bologna: The Albatross 1939, 254 S.

435 Richardson, Henry Handel: The young Cosima (The Albatross Modern Continental Library Vol. 511). Leipzig; Paris; Bologna: The Albatross 1939, 311 S.

436 Taylor, Harold Robert: Jungle Trader (The Albatross Modern Continental Library Vol: 512). Leipzig; Paris; Bologna: The Albatross 1941, 264 S.

437 De Kruif, Paul: The Fight for Life (The Albatross Modern Continental Library Vol. 513). Leipzig [usw.]: The Albatross 1939, 286 S.

438 Damon, Bertha: Grandma called it Carnal (The Albatross Modern Continental Library Vol. 514). Leipzig; Paris; Bologna: The Albatross 1939, 254 S.

439 Eton, Robert: The Legacy: A Novel (The Albatross Modern Continental Library Vol. 516). London [u.a.]: Albatross 1947, 262 S.

440 Saroyan, William: The Way to be Alive (The Albatross Modern Continental Library Vol. 518). Leipzig; Paris; Bologna: The Albatross 1939, 223 S.

441 Rhys, John Llewelyn: The world owes me a Living (The Albatross Modern Continental Library Vol. 521). Hamburg [u.a.]: Albatross 1947, 213 S.

442 Christie, Agatha: Ten little Niggers (The Albatross Modern Continental Library Vol. 554). London: Albatross 1947, 242 S.

443 Hanley, James: The Ocean (The Albatross Modern Continental Library Vol. 555). Hamburg [u.a.]: Albatross 1947, 186 S.

444 Bryant, Arthur: English saga: (1840- 1940) (The Albatross Modern Continental Library Vol. 556). London: Albatross 1947, 306 S.

445 Sassoon, Siegfried: Siegfried´s Journey: 1916 – 1920 (The Albatross Modern Continental Library Vol. 558). London: The Albatross 1947, 232 S.

446 Waugh, Evelyn: Brideshead revisited: the sacred and profane Memories of Captain Charles Ryder (The Albatross Modern Continental Library Vol. 559). London [u.a.]: Albatross 1947, 306 S.
447 Brogan, Colm: Who are the People? (The Albatross Modern Continental Library Vol. 567). London [u.a.]: Albatross 1947, 228 S.
448 Houghton, Claude: Hudson rejoins the Herd (The Albatross Modern Continental Libary Vol. 570). Hamburg [u.a.]: Albatross 1947, 271 S.
449 Steinbeck, John: The wayward Bus (The Albatross Modern Continental Library Vol. 576). Rome: The Albatross 1949, 340 S.
450 Woolf, Virginia: Between the Acts (The Albatross Modern Continental Library Vol. 578). Rome: Albatross 1950, 254 S.
451 Marshall, Bruce: Father Malachy´s Miracle (The Albatross Modern Continental Library Vol. 581). Rome [u.a.]: Albatross 1950, 250 S.
452 Aldington, Richard: Rejected Guest (The Albatross Modern Continental Library Vol. 586). Rome: Albatross 1949, 378 S.
453 Stevenson, Robert Louis: Dr. Jekyll and Mr. Hyde and an Inland Voyage (The Albatross Modern Continental Library Vol. 2387). London [usw.]: The Albatross 1948, 218 S.
454 Burnett, Frances Hodgson: Little Lord Fauntleroy (The Albatross Modern Continental Library Vol. 2479). London; Paris: The Albatross 1947, 212 S.
455 Kipling, Rudyard: Just so Stories for little Children (The Albatross Modern Continental Library Vol. 3615). Rome: Albatross 1949, 224 S.
456 Maugham, William Somerset: The Trembling of a Leaf: Little Stories of the South Sea Islands (The Albatross Modern Continental Library Vol. 4585). Rome: The Albatross 1950, 265 S.
457 Kennedy, Maragret: The constant Nymph (The Albatross Modern Continental Library Vol. 4684). London: Albatross 1947, 319 S.
458 Conrad, Joseph: Lord Jim: a Tale (The Albatross Modern Continental Library Vol. 4802). London; Paris: The Albatross 1947, 377 S.
459 Woolf, Virginia: Mrs. Dalloway (The Albatross Modern Continental Library Vol. 4867). London [u.a.]: Albatross 1947, 286 S.
460 Priestley, J. B.: The good Companions (The Albatross Modern Continental Library Vol. 4919). London [u.a.]: Albatross 1947, 527 S.
461 Sassoon, Siegfried: Memoirs of a Fox-Hunting Man (The Albatross Modern Continental Library Vol. 4975). London [u.a.]: Albatross 1947, 273 S.

462 Priestley, John B.: Angel Pavement (The Albatross Modern Continental Library Vol. 5007). London [usw.]: The Albatross 1948, 280 S.

463 Priestley, John B.: Angel Pavement (The Albatross Modern Continental Library Vol. 5008). London [usw.]: The Albatross 1948, 246 S.

464 Maugham, W. S.: The Moon and Sixpence (The Albatross Modern Continental Library Vol. 5026). Rome: Albatross 1949, 243 S.

465 De la Roche, Mazo: Finch´s Fortune (The Albatross Modern Continental Library Vol. 5031). London [u.a.]: Albatross 1947, 393 S.

466 Walpole, Hugh: The Cathedral (The Albatross Modern Continental Library Vol. 5089). London [u.a.]: Albatross 1948, 415 S.

467 De la Roche, Mazo: Jalna (The Albatross Modern Continental Library Vol. 5207). Rome: Albatross 1949, 278 S.

468 Du Maurier, Daphne: Jamaica Inn (The Albatross Modern Continental Library Vol. 5245). London [usw.]: The Albatross 1948, 276 S.

469 De la Roche, Mazo: Whiteoaks (The Albatross Modern Continental Library Vol. 5246). London [u.a.]: Albatross 1947, 392 S.

470 De la Roche, Mazo: The Masters of Jalna (The Albatross Modern Continental Library Vol. 5256). Rome: Albatross 1949, 374 S.

471 De la Roche, Mazo: Whiteoak Harvest (The Albatross Modern Continental Library Vol. 5288). Rome: Albatross 1949, 334 S.

472 Maugham, W. Somerset: Theatre (The Albatross Modern Continental Library Vol. 5295). London [u.a.]: Albatross 1947, 266 S.

473 De la Roche, Mazo: The very House (The Albatross Modern Continental Library Vol. 5344). Rome: The Albatross 1949, 243 S.

474 Alington, Adrian: The Vanishing Celebrities: Or the Room in the West Tower (The Albatross Modern Continental Library Vol. 5364). London [u.a.]: Albatross 1947, 208 S.